DISCOURS PRÉLIMINAIRE
SUR LA PHILOSOPHIE
EN GÉNÉRAL

BIBLIOTHÈQUE DES TEXTES PHILOSOPHIQUES

Fondateur H. GOUHIER   Directeur J.-F. COURTINE

CHRISTIAN WOLFF

DISCOURS PRÉLIMINAIRE SUR LA PHILOSOPHIE EN GÉNÉRAL

Introduction, traduction et notes
sous la direction de
**Th. ARNAUD, W. FEUERHAHN, J.-F. GOUBET
et J.-M. ROHRBASSER**

PARIS
LIBRAIRIE PHILOSOPHIQUE J. VRIN
6, Place de la Sorbonne, V ᵉ
2006

© *Librairie Philosophique J. VRIN, 2006*

ISBN 2-7116-1831-5
ISSN 0249-7972

www.vrin.fr

CHRISTIAN WOLFF
LE « MAÎTRE DES ALLEMANDS »

Pourquoi traduire, en français, le *Discursus Praeliminaris de philosophia in genere*[1] (1728) de Christian Wolff (1679-1754)? La question mérite d'autant plus d'être posée que la traduction de ce texte est la première en langue française. Si nul n'a entrepris cette tâche pendant presque trois siècles, qu'est-ce qui justifie de le faire aujourd'hui? Y a-t-il une

---

1. Cf. *Philosophia rationalis sive Logica, methodo scientifica pertractata et ad usum scientiarum atque vitae aptata. Praemittitur discursus praeliminaris de philosophia in genere*, Frankfurt-am-Main, Leipzig, Renger, 1728. La troisième édition (1740) du *Discours* a été rééditée en 1983 dans le cadre de l'édition des œuvres complètes de Ch. Wolff, sous la direction, notamment, de Jean École, chez Olms (Hildesheim), commencée en 1965. On se référera à cette réédition en indiquant successivement *GW*, un chiffre romain entre un et trois indiquant la section (I = écrits allemands, II = écrits latins, III = compléments, matériaux et documents), un chiffre arabe indiquant le numéro dans la section et parfois un second chiffre arabe indiquant un tome du volume. Ainsi, la *Logique latine* mentionnée ci-dessus sera notée : *GW* II, 1.1-1.3. Celle-ci, en effet, comprend trois tomes formant le premier volume de la seconde section des œuvres complètes du philosophe de Halle.

nécessité à lire Wolff de nos jours? S'intéresser à sa pensée, reléguée depuis Kant dans la période précritique de l'histoire de la philosophie, pourrait paraître une simple affaire de spécialistes. Pis, cela reviendrait à se tourner vers une philosophie sans portée pour la pensée. Perçu le plus souvent comme un auteur anecdotique, disciple de Leibniz, inventeur tout au plus du « leibniziano-wolffianisme », mais rejeté par la révolution transcendantale aux oubliettes de l'histoire, Wolff ne relèverait que de la courte durée dans l'histoire des idées.

Certains jugements de la postérité permettent toutefois de supputer le caractère hâtif d'une telle affirmation. Désigné par Hegel comme le « maître (*Lehrer*) des Allemands »[1], son impact est, à y regarder de plus près, beaucoup plus structurel qu'épiphénoménal. Avant Hegel, c'est en Wolff, non en Leibniz, que Kant voit l'initiateur d'un « esprit de solidité »[2], dont il se définit comme l'héritier. Selon Kant, Wolff « montra le premier par son exemple comment on peut […] s'engager dans la voie sûre d'une science »[3]. Beaucoup plus proche de nous, Heidegger souligne qu'« au cours du XVIIIᵉ siècle en Allemagne la pensée scientifique et philosophique fut dominée par la doctrine et l'école de Christian Wolff (1679-1754). [… Avec lui,] la totalité du savoir métaphysique occidental devait se rassembler dans la clarté rationnelle de l'*Aufklärung*,

---

1. *Leçons sur l'histoire de la philosophie*, t. 6, trad. fr. P. Garniron, Paris, Vrin, 1985, p. 1645.

2. *Critique de la raison pure*, Préface à la seconde édition (1787), trad. fr. Tremesaygues-Pacaud, Paris, PUF, 1986 (11ᵉ éd.), p. 26-27. Nous reprenons ici la traduction de « *Gründlichkeit* » par « solidité », telle que proposée par Jean-Paul Paccioni dans son ouvrage très récemment publié chez Vrin : *Cet esprit de profondeur. Christian Wolff, l'ontologie et la métaphysique*.

3. *Ibid.*

et l'humanité de l'homme s'établir sur elle-même dans la raison pure »[1]. Aucun de ces philosophes ne considère donc Wolff comme un auteur de second rang. De fait, nous avons affaire à un penseur de premier ordre avec lequel les plus grands philosophes n'ont cessé de discuter jusqu'au début du xxe siècle[2]. Son œuvre philosophique systématique embrasse l'ensemble du savoir et ne saurait donc être esquivée. Pour elle-même, mais aussi pour sa portée. La compréhension des auteurs majeurs précédemment cités bénéficierait grandement d'une meilleure connaissance de celui qu'ils regardent comme un interlocuteur d'importance et qui a contribué à former leur pensée, un point qui échappe en l'absence d'une lecture de Wolff. Disons-le nettement : une lecture de la *Critique de la raison pure* bénéficiera certainement de la connaissance de la pensée wolffienne.

Considérer Wolff comme un auteur dénué de valeur, un simple disciple laborieux de Leibniz, qui se serait tout au plus borné à présenter de manière systématique la pensée de celui-ci, est en fait l'indice d'une ignorance qui ne s'est constituée

1. *Qu'est-ce qu'une chose ?* trad. fr. J. Reboul et J. Taminiaux, Paris, Gallimard, 1971, p. 122. On pourra également se reporter au tome 36/37 de la *Gesamtausgabe* : *Sein und Wahrheit*, Frankfurt-am-Main, Klostermann, 2001, p. 48-50.

2. Ce dialogue avec l'œuvre de Wolff n'est pas le seul fait de la philosophie allemande. La philosophie autrichienne, dont beaucoup soulignent la spécificité, s'est aussi nourrie de la pensée wolffienne. Sur l'introduction du wolffianisme dans cette aire géographique, notamment par le professeur de droit naturel Karl Anton Martini ou par les Jésuites Ruggiero Giuseppe Boscovich ou Sigmund von Storchenau, et sur le néo-wolffianisme de Franz Brentano, *cf.* Werner Sauer, *Österreichische Philosophie zwischen Aufklärung und Restauration. Beiträge zur Geschichte des Frühkantianismus in der Donau-monarchie*, Würzburg, Königshausen & Neumann, Amsterdam, Rodopi, 1982, entre autres p. 13-14 et 24-40.

5

que depuis moins d'un siècle. Lire Wolff permet ainsi de modifier l'habitude que nous avons prise de passer sans médiation de Leibniz à Kant.

Christian Wolff est le fondateur de la philosophie universitaire allemande. Bien plus que Leibniz, dont assez peu de textes circulent au cours du XVIIIe siècle[1] et qui est lui-même un défenseur des Académies des sciences ne plaçant aucun espoir dans les universités[2], Wolff institue une œuvre encyclopédique ayant vocation à former les étudiants. De ce point de vue déjà, sa réussite est totale, même si l'on compte

1. Parmi les œuvres de Leibniz, sont, pour l'essentiel, disponibles jusqu'en 1765 (date de parution des *Nouveaux Essais sur l'entendement humain*): l'*Essai de Théodicée sur la Bonté de Dieu, la liberté de l'homme et l'origine du mal* (Amsterdam, 1710), une traduction latine de la *Monadologie* (1721, très probablement réalisée par Christian Wolff; voir sur ce point Antonio Lamarra, Roberto Palaia, Pietro Pimpinella, *Le prime traduzioni della* Monadologie *di Leibniz (1720-1721). Introduzione storico-critica, sinossi dei testi, concordanze contrastive*, «Lessico Intelletuale Europeo» LXXXV, Firenze, Leo S. Olschki Editore, 2001) et deux recueils d'articles édités par J.F. Feller (*Otium hanoveranum sive Miscellanea, ex ore et schedis illustris viri*, Leipzig, Martin, 1718) et par Pierre des Maizeaux (*Recueil des pièces diverses sur la philosophie, la religion naturelle, l'histoire, les mathématiques etc.*, Amsterdam, Du Sauzet, 1720). Mentionnons également le *Système nouveau de la nature et de la communication des substances* ainsi que le *De ipsa natura*, publiés respectivement en juin-juillet 1695 dans le *Journal des savants* et en septembre 1698 dans les *Acta eruditorum*. Sur l'histoire de la réception de Leibniz au XVIIIe siècle, *cf.* Yvon Belaval, *Leibniz. De l'Âge classique aux Lumières. Lectures leibniziennes*, présentées par M. Fichant, Paris, Beauchesne, 1995, et Catherine Wilson, «The reception of Leibniz in the eighteenth century», dans N. Jolley (ed.), *The Cambridge Companion to Leibniz*, Cambridge, Cambridge University Press, 1995, p. 442-493.

2. *Cf.* Charles E. McClelland, *State, Society and University in Germany 1700-1914*, Cambridge-London-New York, Cambridge University Press, 1980, p. 27 et 36.

parmi ses disciples quelques académiciens. L'œuvre, qui a le plus dominé la philosophie allemande au XVIIIᵉ siècle, a non seulement connu de très nombreuses éditions à l'époque[1], mais elle a aussi formé de nombreux disciples qui, eux-mêmes, sont devenus professeurs d'universités et auteurs de manuels comme Ludwig Philipp Thümmig (1697-1728)[2], Georg Bernhard Bilfinger (1693-1750)[3], Johann Christoph Gottsched (1700-1766)[4], Friedrich Christian Baumeister (1709-1785)[5], Jean Henri Samuel Formey (1711-1797)[6], Alexander Gottlieb Baumgarten (1714-1762), qui lui-même passa le relais du wolffianisme à son élève Georg Friedrich Meier (1718-1777)[7]. Même ceux qui critiquèrent sa philo-

---

1. La *Logique allemande* a, par exemple, connu quatorze éditions entre 1713 et 1754; la *Métaphysique allemande* douze éditions du vivant de Wolff à partir de 1719.

2. Professeur à Halle puis au *Collegium Carolinum* de Kassel, à partir de 1724, auteur, notamment, des *Institutiones Philosophiae Wolfianae*, Frankfurt-am-Main, Leipzig, Renger, 1725-1726; *GW* III, 19.1 et 19.2.

3. Enseignant à Tübingen jusqu'en 1725 puis à Saint-Petersbourg où il devint membre de l'Académie (1725-1730). Il est l'auteur des *Dilucidationes philosophicae de Deo, anima humana, mundo et generalibus rerum affectionibus*, Tübingen, Cotta, 1725; *GW* III, 18.

4. Professeur de dialectique et de métaphysique à Leipzig (1734-1766), auteur des *Erste Gründe der gesamten Weltweisheit*, Leipzig, Breitkopf, 1733-1734, qui connurent huit éditions jusqu'en 1778; *GW* III, 20.

5. Recteur du lycée de Görlitz à partir de 1736, auteur des *Institutiones philosophiae rationalis*, Wittenberg, Ahlfeld, 1735, lesquelles connurent vingt éditions jusqu'en 1780. On en trouvera un *reprint* en *GW* III, 24.

6. Secrétaire perpétuel de l'Académie de Berlin (1748-1797), directeur de la classe de philosophie de celle-ci de 1789 à 1797, auteur de *La belle Wolfienne*, 1741-1753, La Haye, Le Vier; *GW* III, 16.

7. Baumgarten fut professeur de philosophie à l'université de Francfort-sur-l'Oder (1740-1762), son élève Meier professeur ordinaire de philosophie à Halle (1748-1777). Baumgarten est l'auteur d'une *Metaphysica* (Halle,

sophie reprirent ses cadres de pensée. C'est notamment le cas du philosophe de Leipzig, Christian August Crusius (1715-1775), que l'on peut qualifier de « post-wolffien anti-wolffien »[1]. La philosophie wolffienne est la philosophie universitaire allemande du XVIIIe siècle et est en ce sens inséparable de l'histoire de l'*Aufklärung*. Elle fournit le cadre du pensable, institue le champ de bataille, le terrain de discussion métaphysique de l'époque. C'est pourquoi oublier ce fait revient, entre autres, à ne pas comprendre les questions présentes dans la *Critique de la raison pure* (1781), notamment celles relatives à la légitimité d'une psychologie rationnelle et d'une psychologie empirique, ces deux sciences occupant la plus grande part de la *Métaphysique allemande*[2]. Ce travail

Hemmerde, 1739) qui connut sept éditions jusqu'en 1779 et sur laquelle s'appuyait Kant pour ses leçons de métaphysique ; il l'est aussi d'une *Ethica philosophica* (Halle, Hemmerde, 1740) et d'écrits de philosophie pratique qui ont également servi de support à Kant pour ses cours. Meier, auteur, entre autres, d'une logique (*Vernunftlehre*, Halle, Gebauer, 1752), à partir de laquelle Kant faisait ses cours, et d'une métaphysique (*Metaphysik*, Halle, Gebauer, 1755-1759), fut également le traducteur de la *Metaphysica* de Baumgarten en allemand (Halle, Hemmerde, 1766). Pour une vision panoramique et contrastée de l'impact du wolffianisme au XVIIIe siècle, *cf.* Max Wundt, *Die deutsche Schulphilosophie im Zeitalter der Aufklärung*, Tübingen, Verlag von J. C. B. Mohr (Paul Siebeck), 1945 ; Hildesheim, Olms, 1992, p. 199-229.

1. *Cf.* Thierry Arnaud & Wolf Feuerhahn « Un post-wolffien anti-wolffien : Christian August Crusius », *DATA* n° 27, ENS LSH, février 1999, p. 13-17.

2. Ceci constitue l'une des raisons de l'intérêt porté par notre groupe de recherche à la place de la psychologie dans la philosophie wolffienne : *cf.* le n° 3 (juillet 2003, « Christian Wolff ») de la *Revue philosophique de la France et de l'étranger* ainsi que Oliver-Pierre Rudolph & Jean-François Goubet (Hrsg.), *Die Psychologie Christian Wolffs*, Tübingen, Niemeyer, 2004.

d'édition en français des textes de Wolff[1] trouve donc d'abord sa justification dans le fait qu'il établit une histoire de la pensée au XVIIIᵉ siècle plus proche de la réalité.

Les chercheurs européens ont depuis déjà un certain temps pris acte de l'importance de la pensée wolffienne et tenté de combler ce manque. Il existe de nos jours des traductions allemandes, anglaises, italiennes, espagnoles de textes de Wolff[2]. La recherche française a donc des lacunes à combler. Ce retard est d'autant plus surprenant que les études wolffiennes internationales ont été particulièrement soutenues depuis cinquante ans par un Français, Jean École, auquel on doit, outre ses propres travaux sur Wolff[3], la réédition des œuvres du philosophe[4] qui comptent plus d'une soixantaine de volumes.

Outre les raisons alléguées ci-dessus en faveur d'une édition française, et avant d'en venir à une présentation plus précise du *Discursus praeliminaris de philosophia in genere*, véritable manifeste de la philosophie wolffienne, il faut aussi montrer quelle fut la teneur réelle de cette pensée et combien elle a façonné le destin de la philosophie européenne. Pour cela, il faut nous attarder sur sa spécificité sans cesse niée ou réduite.

1. Quatre d'entre nous (Th. Arnaud, W. Feuerhahn, J.-F. Goubet, J.-P. Paccioni) travaillent actuellement à l'édition française de la *Métaphysique allemande,* qui paraîtra prochainement chez Vrin.

2. *Cf.* plus loin nos indications bibliographiques.

3. *Cf.* notamment *La métaphysique de Christian Wolff*, Hildesheim, Olms, 1990, 2 vol., et les très nombreuses préfaces réalisées par J. École pour l'édition des œuvres complètes de Wolff (*cf.* note suivante).

4. Ch. Wolff, *Gesammelte Werke*, J. École, H. W. Arndt, Ch. A. Corr, J. E. Hofmann et M. Thomann (Hrsg.), Hildesheim, Olms, 1965 et suivantes. Témoigne de ce rôle pionnier, le fait que J. École ait été distingué du titre de docteur *honoris causa* de l'université de Halle lors du Congrès international « Christian Wolff » organisé en 2004 à l'occasion des 250 ans de l'anniversaire de la disparition du philosophe.

L'INVENTEUR DU « LEIBNIZIANO-WOLFFIANISME » ?

Le premier grief qui est fait à Wolff consiste à affirmer qu'il n'aurait été qu'un disciple de Leibniz. Pis, un laborieux disciple qui aurait systématisé et rendu indigeste la subtile pensée leibnizienne. D'où l'expression sans cesse répétée de « leibniziano-wolffianisme »[1] pour caractériser sa philosophie. Qu'en est-il d'abord de cette dénomination ?

Elle a été élaborée tardivement contre la volonté de Wolff[2] qui l'a imputée, dans une lettre du 11 mai 1746, à son disciple Bilfinger[3]. Elle est en fait apparue dès 1724 sous la plume de Franz Budde, un adversaire de Wolff, dans ses *Bedencken über die Wolffische Philosophie*[4]. Mais des proches de Wolff, tels Georg Volckmar Hartmann[5] et Carl Günther Ludovici[6] l'ont reprise contre l'avis de leur maître.

Mais pourquoi Wolff a-t-il tant tenu à rejeter cette dénomination ? Ce rejet suffit-il d'autre part à invalider la pertinence de celle-ci ? Pour évaluer la portée de ce jugement, il faut aller plus loin dans notre intelligence de la pensée wolffienne et nous tourner vers sa genèse.

---

1. Ou « leibnizio-wolffianisme ».

2. *Cf.* Wolff, *Eigene Lebensbeschreibung*, Leipzig, Weidmann, 1841, *reprint* en *GW* I, 10, sous le titre de Christian Wolff, *Biographie*, Hildesheim, Olms, 1980, p. 140-142.

3. Cf. *GW* I, 10, p. 82 : « M. Bülffinger a créé la confusion […] qui, le premier, a mis la *philosophie leibnizio-wolffienne* sur le tapis ».

4. Frankfurt-am-Main, Andreäische Buchhandlung (ici § 13, p. 104), reproduit dans les œuvres complètes de Wolff (*GW* I, 17). On se reportera également à M. Wundt, *op. cit.*, p. 164.

5. *Anleitung zur Historie der Leibnitzisch-Wolffischen Philosophie*, Frankfurt-am-Main, Leipzig, Cuno, 1737 (*GW* III, 4).

6. *Neueste Merckwürdigkeiten der Leibnitzisch-Wolffischen Weltweisheit*, Frankfurt-am-Main, Leipzig, 1738 (*GW* III, 3).

Des influences variées

Né en 1679 à Breslau, Wolff n'est entré que tardivement en contact avec Leibniz, vers 1703-1704[1]. Il avait alors déjà achevé sa formation et s'apprêtait à commencer son enseignement. C'est donc bien plus tôt, à Breslau, qu'il a rencontré la philosophie. Après la fin de la guerre de trente ans (1648), Breslau était loin d'être une ville marginale sur la carte de l'Europe centrale[2]. Elle était alors un centre de la contre-réforme, le lieu d'une intense activité religieuse et intellectuelle qui se traduisit notamment par un développement de l'art baroque en architecture et en littérature[3] ainsi que par l'épanouissement des écoles de la Société de Jésus. L'enseignement scolastique dominait encore la pensée telle qu'elle se développait à Breslau[4] et Wolff en hérita[5]. Mais celui-ci appartenait aussi, par sa famille, à l'univers de pensée concurrent du jésuitisme, celui du protestantisme luthérien introduit à Breslau dès 1523, trois ans avant l'annexion de la ville à l'empire des Habsbourg (1526). Cette présence protestante

---

1. Cf. *infra*, § 70, Rem, et *Eigene Lebensbeschreibung, op. cit.*, p. 133-134.

2. Après avoir été victime de la peste en 1633, sa population avait chuté de 40 000 à 22 000 habitants, mais elle avait retrouvé son importance antérieure à la fin du siècle. Après Vienne (plus de 100 000 habitants), Hambourg et Berlin (plus de 60 000), Breslau avait alors une population équivalente à celles de Strasbourg et Dantzig (environ 40 000 habitants) (*cf.* Rudolf Vierhaus, *Deutschland im Zeitalter des Absolutismus (1648-1763)*, Göttingen, Vandenhoeck & Ruprecht, 1978, p. 30).

3. Martin Opitz (1597-1639) et Andreas Gryphius (1616-1664) sont les auteurs dramatiques les plus célèbres de ce que l'on nomme le « baroque silésien ». Le fils du second fut l'un des enseignants de Wolff à Breslau.

4. *Cf.* M. Wundt, *op. cit.*, p. 125-126.

5. *Cf.* plus bas « Wolff, l'existence et l'héritage scolastique ».

tolérée [1] permit le développement d'institutions d'enseignement réformées, parmi lesquelles le lycée Élisabeth et celui de
Sainte Marie Madeleine sont les plus célèbres. Wolff, élève
dans cette seconde institution, y reçut l'enseignement de
Caspar Neumann (1648-1715), pasteur protestant, qui après
des études de théologie à l'université d'Iéna, devenu vicaire de
l'église évangélique Sainte Marie Madeleine, dont dépendait
le lycée, puis inspecteur des lycées luthériens, y enseignait la
théologie [2]. Christian Wolff souligna à de nombreuses reprises
le rôle crucial de Neumann pour sa formation et retint notamment de son enseignement sa critique de la scolastique et son
incitation à lire la pensée nouvelle, c'est-à-dire cartésienne :

> Grâce à Monsieur Pohle et Monsieur l'inspecteur Neumann,
> j'ai éprouvé du plaisir à étudier la philosophie de Descartes, ils
> n'ont cessé d'accroître mon plaisir pour les mathématiques et
> l'algèbre. J'ai beaucoup appris de Monsieur Neumann, profes-
> seur de théologie dans les deux lycées, qui commentait le
> symbole apostolique et qui dogmatisait également beaucoup
> dans ses prêches, puisque je craignais à chaque instant d'imiter
> en philosophie ce que j'entendais de sa part à propos de la
> théologie ; il avait en effet l'habitude d'indiquer les erreurs de la

---

1. Sur la « Schlesische Toleranz », *cf.* Herbert Schöffler, *Deutsches Geistesleben zwischen Reformation und Aufklärung. Von Martin Opitz bis Christian Wolff*, Frankfurt-am-Main, Vittorio Klostermann, 1974 [3], première édition sous le titre *Deutscher Osten im deutschen Geist*, 1940.

2. Johann Christoph Gottsched, *Historische Lobschrift des weiland hoch- und wohlgebohrnen Herrn Christians, des H.R.R. Freyherrn von Wolf*, Halle, Renger, 1755 (*GW* I, 10, p. 9). Sur Caspar Neumann, *cf.* H. Zimmermann, *Caspar Neumann und die Entstehung der Frühaufklärung. Ein Beitrag zur schlesischen Theologie- und Geistesgeschichte im Zeitalter des Pietismus*, « Arbeiten zur Geschichte des Pietismus », Bd. 4, Witten, Luther Verlag, 1969.

philosophie scolastique et les défauts qui en découlaient en théologie[1].

Cette ouverture à la philosophie nouvelle se traduisit chez Neumann par un intérêt accru pour l'usage des mathématiques, notamment en théologie[2]. Parmi les œuvres qui ont fortement marqué les premiers pas de Wolff en philosophie, il convient également de mentionner la *Medicina mentis* (1687)[3] de Tschirnhaus (1651-1708)[4]. Correspondant et ami de

1. *Cf.* Wolff, *Eigene Lebensbeschreibung, op. cit.*, p. 114-115 (nous traduisons).

2. *Ibid.*, p. 134 : « M. Neumann soutenait également que l'on devait traiter la théologie révélée selon une autre méthode (*Theologiam revelatam alia methodo*), autrement dit à la manière des mathématiciens (*mathematicorum*) car bien que la vérité reste toujours une, elle exige pourtant un autre moyen d'exposition en fonction du caractère des époques » (nous traduisons). Théologie et mathématiques se retrouvent dans la pensée de Neumann à travers sa collecte de données démographiques à l'échelle de la ville de Breslau. J.-M. Rohrbasser a ainsi montré que, pour Neumann, le règne de la grâce peut faire l'objet d'une connaissance physico-théologique appuyée sur l'outil statistique. La rationalité de la création divine est dès lors accessible à l'homme, via la statistique, sous forme de connaissance probable (*cf.* Jean-Marc Rohrbasser, *Dieu, l'ordre et le nombre*, Paris, PUF, 2001, p. 17). Wolff a hérité de ce désir de résoudre les querelles religieuses par la méthode mathématique. Là encore, on se reportera à son *Eigene Lebensbeschreibung, op. cit.*, p. 121. Le choix d'Iéna par Wolff pour faire ses études n'est sans doute pas indifférent au fait que Neumann avait lui-même étudié dans cette université.

3. La seconde édition (Leipzig, J. Thomann Fritsch, 1695) a été traduite en français par Jean-Paul Wurtz (Ehrenfried Walther von Tschirnhaus, *Médecine de l'esprit ou préceptes généraux de l'art de découvrir*, Strasbourg, Ophrys, Université de Strasbourg, 1980). Concernant l'impact de la lecture de Tschirnhaus sur la pensée de Wolff, *cf.* J.-P. Paccioni « Wolff, l'expérience et la raison non pure », *Revue philosophique de la France et de l'étranger*, 2003/3, p. 308-311. Notre présentation s'appuie ici beaucoup sur cet article.

4. Wolff, *Eigene Lebensbeschreibung, op. cit.*, p. 116-117 : « Bien que j'eusse d'abord étudié la philosophie scolastique, elle ne me satisfit pas et

Spinoza, Tschirnhaus avait le projet d'appliquer la méthode mathématique à l'ensemble des sciences, d'où son rejet de la logique des Scolastiques qu'il considérait « abstraite et verbale ». Sa philosophie première repose sur une connaissance *a posteriori*. En effet, le premier principe est le suivant : « J'ai conscience de diverses choses. C'est là le principe premier et général de toute notre connaissance »[1]. Dans la foulée de Descartes, Tschirnhaus pense la connaissance initiale comme l'expérience intérieure d'une conscience. Ce legs du cartésianisme et du rôle de la conscience se manifeste chez Wolff dès l'ouverture de sa *Métaphysique allemande* : elle commence, avant même l'ontologie, par un premier chapitre déterminant « comment nous connaissons que nous sommes et en quoi cette connaissance nous est utile »[2]. Qu'il y ait présence de thèmes cartésiens n'implique pourtant pas qu'on puisse parler d'un cartésianisme de Wolff : l'incipit de la *Métaphysique allemande* déploie en effet un *cogitamus* et non un *cogito*, présenté de surcroît sous forme de syllogisme, après que Leibniz eut convaincu son cadet de la fécondité de ce dernier[3], et l'œuvre latine, pour sa part, ne débutera plus avec de telles considérations.

j'estimais moins la scolastique que cela n'est le cas aujourd'hui, mais j'avais un grand désir d'apprendre la philosophie cartésienne et de lire la *Medicina mentis* de Tschirnhaus » (nous traduisons).

    1. *Médecine de l'âme*, *op. cit.*, p. 42-43.

    2. Sur l'importance de ce chapitre premier, *cf.* la discussion entre J.-P. Paccioni (« Wolff et la constitution d'une science psychologique », *Annales doctorales* n° 4 de l'université de Dijon, 3ᵉ trimestre 2001, p. 67-85) et Th. Arnaud (« Dans quelle mesure l'Ontologie est-elle fondamentale dans la *Métaphysique allemande* de Wolff ? », *Revue philosophique de la France et de l'étranger*, 2003/3, p. 323-336).

    3. Cf. *Ratio praelectionum* (*GW* II, 36, p. 121).

Mais l'autonomie de la philosophie wolffienne ne s'arrête pas là. S'il y a un point qui caractérise fortement la pensée de Leibniz, c'est ce que l'on a appelé à tort son panpsychisme. Toutes les monades, y compris les plus élémentaires, celles que l'auteur de la *Monadologie* nomme « monades brutes », sont pourvues de perceptions. Il y a sur ce point une remise en cause fondamentale du dualisme cartésien des substances. Wolff se montre ici également *a contrario* plus proche de Descartes. Il affirme un dualisme, distinguant les « éléments des corps » des véritables « monades ». Les premiers ne sont pas doués de perceptions confuses comme pour Leibniz, ils sont de simples « centres de forces », selon l'expression d'Yvon Belaval[1]. Wolff rompt de la sorte avec l'entr'expression idéale leibnizienne, avec l'harmonie universelle[2] et fonde ce que Kant, en disciple de Wolff, nommera une « monadologie physique ». Cet écart fondamental avec Leibniz se lit également dans les réserves qu'il émet au sujet de l'harmonie préétablie, qu'il ne considère jamais qu'en tant qu'hypothèse.

Wolff, dans sa formation, prit en compte des sources diverses, ce qui, à soi seul, empêche de voir en lui un simple disciple laborieux de Leibniz.

Le « rationalisme » de Wolff ?

Un point a longtemps caractérisé la lecture de la philosophie allemande du XVIIIe siècle, son rationalisme, ou plus encore son prétendu anti-empirisme. On a traditionnellement construit une division internationale de la pensée qui octroie aux penseurs anglais le monopole de l'empirisme,

---

1. Y. Belaval, *Études leibniziennes*, « Tel », Paris, Gallimard, 1976, p. 162.
2. L'harmonie préétablie n'est maintenue qu'en vue de la saisie, tout hypothétique, des rapports entre l'âme et le corps. Cf. *infra*, § 128, Rem.

tandis que les Allemands sont perçus comme les défenseurs d'un rationalisme dogmatique, cherchant à déduire le réel du possible conçu. Cette lecture, construite à partir du chapitre sur « l'histoire de la raison pure » à la fin de la *Critique de la raison pure*, ne fait droit ni à la complexité des pensées ni à la circulation internationale des idées très importante au XVIIIe siècle. Une telle géopolitique historique des idées renforce la tendance consistant à rapprocher les philosophies de Leibniz et de Wolff[1]. Or la place attribuée à la psychologie empirique dans la *Métaphysique allemande* – près de la moitié du volume – devrait d'emblée surprendre un partisan de cette lecture traditionnelle de la pensée wolffienne. Pour Wolff, la philosophie commence par l'expérience[2]. D'où le caractère premier – au sens chronologique – de la « connaissance historique » dans le *Discours préliminaire*, une connaissance qui fournit des vérités de fait[3]. Les connaissances mathématique et philosophique permettent ensuite de dégager la rationalité de ces

---

1. Tendance que l'on trouve notamment dans *La philosophie des Lumières* d'Ernst Cassirer (trad. fr. P. Quillet, Paris, Fayard, 1966), qui fait l'objet d'un examen critique concernant ce point dans J.-P. Paccioni « Wolff est-il le "vrai inventeur de la psychologie rationnelle"? L'expérience, l'existence actuelle et la rationalité dans le projet wolffien de psychologie », dans O.-P. Rudolph & J.-F. Goubet (Hrsg.), *op. cit.*, p. 75-88.

2. Sur l'articulation complexe entre expérience et raison chez Wolff, *cf.* J.-F. Goubet, « Sur la notion wolffienne de système », *Archives de philosophie*, 2002, t. 65, cahier 1, p. 81-103.

3. La fameuse déclaration de la *Critique de la raison pure* (p. 31 de la trad. fr. citée ci-dessus) : « Que toute notre connaissance commence avec l'expérience, cela ne soulève aucun doute. [...] Mais si toute notre connaissance débute *avec* l'expérience, cela ne prouve pas qu'elle dérive toute *de* l'expérience » n'est donc pas nécessairement réductible à un dialogue critique avec Hume, mais gagne à être comprise, comme bien d'autres points fondamentaux, dans le sillage de la pensée de Wolff.

faits, de passer de vérités de fait à des vérités de raison. Nous nous trouvons là au cœur du *connubium rationis et experientiae*, mariage de la raison et de l'expérience, organisateur de la gnoséologie wolffienne. Si la connaissance commence par être historique, le philosophe ne saurait s'arrêter là, il doit découvrir la ou les raisons du fait et, éventuellement, parfaire sa connaissance philosophique par une connaissance quantitative (mathématique). Dans tous les cas, la connaissance historique est la pierre de touche de la connaissance rationnelle, ainsi que Wolff l'écrit au début du chapitre consacré à la psychologie rationnelle dans sa *Métaphysique allemande* : une vérité de raison (déduite *a priori*) ne saurait en aucune manière aller à l'encontre d'une vérité de fait. Il ne faut donc pas se méprendre et induire le passage d'une lecture rationaliste à une lecture empiriste de la philosophie de Wolff. Son *connubium* témoigne de l'ancrage premier dans l'expérience, la connaissance historique étant une connaissance positive, de faits, et non le modèle empiriste de toute connaissance. Elle est le fondement, l'assise de ce qui constituera les principes de la connaissance au sens où l'on peut distinguer avec J.-F. Goubet le « fondement, en tant que sol de l'expérience » des « principes, en tant que propositions fondamentales de la science »[1]. Certains principes rationnels sont découverts à l'occasion de l'expérience, sans être eux-mêmes inférés empiriquement de l'observation répétée des faits. On comprend ainsi un axiome à la seule mention de son énoncé, quelles que soient les circonstances de sa mobilisation. Lorsque je fais l'expérience de ce que je pense, je recours à l'axiome stipulant que celui qui pense est et j'en tire la conclusion selon laquelle je suis.

---

1. J.-F. Goubet, « Sur la notion wolffienne de système », *Archives de philosophie*, 2002, t. 65, cahier 1, p. 84.

D'autres principes proviennent toutefois de l'expérience. Nous ne pourrions savoir que la pierre chauffée rend de la chaleur s'il n'y avait eu induction, ne serait-ce que partielle. Rationalisme et empirisme apparaissent dès lors comme des appellations incapables de rendre compte exactement du détail fort circonstancié de la philosophie wolffienne.

Wolff, l'existence et l'héritage scolastique

L'articulation entre expérience et raison proposée dans le cadre de la théorie du *connubium* rappelle à certains égards l'héritage aristotélicien de la formation par induction des notions générales. H. W. Arndt le souligne dans son introduction à la *Logique allemande* : « le traitement que Wolff accorde à l'induction ainsi qu'à la relation qu'entretiennent la connaissance relative à l'expérience et la doctrine des syllogismes demeure tout à fait dans le cadre de la tradition scolastico-aristotélicienne »[1]. Apparaissent ici les traces de l'héritage scolastique de Breslau. Mais celui-ci se manifeste aussi là où on l'attendait moins, lorsque Wolff définit l'existence comme « complément de la possibilité ». Cette définition a sans doute le plus contribué à la construction historiographique de ce que l'on a appelé « le rationalisme leibniziano-wolffien »[2]. On y a vu la preuve de ce que Wolff réduisait l'existence à l'absence de contradiction. Il n'y aurait donc rien de plus entre cent thalers pensés et cents thalers en poche pour reprendre la critique kantienne de l'argument ontologique.

---

1. *GW* I, 1, p. 85.
2. Pour une critique radicale de celle-ci et sur le prétendu « essentialisme » wolffien, *cf.* J.-P. Paccioni, « L'aptitude à exister et la métaphysique wolffienne », *Archives de philosophie*, 2002, t. 65, cahier 1, p. 65-80.

Depuis Étienne Gilson au moins, nombreux sont ceux qui s'appuient sur cette définition pour affirmer que la métaphysique wolffienne est le modèle par excellence des philosophies de l'essence opposées aux philosophies de l'existence. Ainsi que le remarquait récemment J.-P. Paccioni[1], Jean-François Courtine a toutefois montré[2] que les prétendus « philosophes de l'essence » (Avicenne, Duns Scot, Suarez) n'élaborent pas moins que saint Thomas (lequel concevrait l'être, selon Gilson, comme exister), une réflexion sur l'existence. Plus précisément, ces auteurs pensent une « aptitude à exister »[3]. Or Wolff hérite très largement de cette conceptualisation[4]. Au § 134 de son *Ontologia*, l'étant est, certes, défini comme « ce qui peut exister », mais cela ne saurait impliquer une identité de l'étant et du possible, car, comme l'indique Wolff lui-même, l'étant est aussi « ce à quoi l'existence ne répugne pas »[5]. Or cette « non-répugnance à exister » permet de différencier l'étant du simple possible. Contrairement à ce qu'affirme Gilson, il y a un lien entre l'étant et l'existence. Cette thématique est héritée de Duns Scot qui définit l'*ens*

---

1. *Op. cit.*, p. 65.

2. *Suarez et le système de la métaphysique*, Paris, PUF, 1990.

3. *Op. cit.*, p. 379 : « L'opposition trop commode, accréditée de toute l'autorité d'Ét. Gilson, que l'on établit souvent entre les philosophies de l'existence ou de l'exister, et les philosophies de l'essence, risque fort d'être finalement trop courte, voire même trompeuse ; il n'y a pas moins en effet de réflexion sur l'existence dans la tradition scotiste, ou avicennienne, et dans la tradition thomiste, puisque c'est précisément le rapport à l'existence, comme *aptitudo*, qui définit l'étantité de l'étant en général ».

4. *Cf.* J.-F. Courtine, *op. cit.*, p. 380, et J.-P. Paccioni, *op. cit.*, dont nous nous inspirons largement ici.

5. *Philosophia prima sive Ontologia*, première édition Frankfurt-am-Main, Leipzig, Renger, 1730 (*GW* II, 3, p. 115).

comme ce qui ne répugne pas à exister[1]. La non-répugnance à
exister témoigne du fait que rien n'empêche que le possible
soit déterminable en vue de l'existence. Mais ceci ne veut
pas dire que Wolff confonde cette déterminabilité avec une
détermination positive, la non-répugnance à exister avec
l'existence effective. La notion d'étant ajoute à celle de possible la non-répugnance à exister en tant qu'elle est considérée
positivement comme une « possibilité intrinsèque d'exister ».
Il n'y a donc pas d'identification de l'étant au possible. Pour
cela il faut, comme le note J.-P. Paccioni, sortir du discours
ontologique à proprement parler : « la théologie naturelle
démontrera la *raison suffisante* de *l'existence* de Dieu et de
l'univers, la cosmologie expliquera comment l'existence des
contingents se trouve déterminée dans le monde matériel, la
psychologie dira comment les *possibles* inclus dans la pensée
humaine sont conduits à l'*acte* »[2]. Mais si ce programme ne se
limite pas à l'ontologie, il y trouve ses concepts (raison suffisante, possibilité, actualité, contingence, etc.). L'ontologie
offre ainsi les outils intellectuels permettant de penser le
passage de l'essence à l'existence.

Nous avons donc affaire à un auteur plus complexe que
l'on ne croit en général, rationaliste, certes, mais soucieux de
l'expérience, dont la singularité a été souvent niée. Mais il
n'en a pas toujours été ainsi. On ne peut ramener sa réception
dans la France des Lumières au jugement porté par Voltaire à

1. *Ordinatio* I, d. 2, pars 2, q. 1-4 n° 262, édition C. Balic (Vatican, 1950 s.),
t. II, p. 282, cité par J.-F. Courtine, *op. cit.*, p. 379. On lira également avec profit
sur ces questions décisives l'ouvrage de Ludger Honnefelder, *Scientia transcendens. Die formale Bestimung der Seindheit und Realität in der Metaphysik
des Mittelalters und der Neuzeit (Duns Scotus – Suárez – Wolff – Kant –
Peirce)*, Hamburg, Meiner, 1990.

2. *Op. cit.*, p. 74.

son encontre dans une lettre à Maupertuis, celui de n'être qu'un « bavard germanique »[1].

LA RÉCEPTION FRANÇAISE DE LA PHILOSOPHIE WOLFFIENNE AU XVIIIe SIÈCLE

La pensée wolffienne, héritant de façon surprenante, sans tomber dans l'éclectisme[2], à la fois de la scolastique suarézienne et du cartésianisme, n'est pas restée, loin de là, circonscrite à l'espace germanophone. Plusieurs médiateurs en ont assuré le transfert au sein des Lumières françaises. J. H. S. Formey, originaire d'une famille de huguenots, secrétaire perpétuel de la classe de philosophie de l'Académie des sciences de Berlin de 1748 jusqu'à sa mort en 1797, en est certainement le plus célèbre. La publication de son œuvre philosophique *La belle Wolfienne* (1741-1753) a eu un impact très fort sur la pensée française. Disciple de Wolff, il valorisait la dimension encyclopédique de son œuvre. D'où ses esquisses d'encyclopédie philosophique, commencées en 1742, que Formey vendit aux Encyclopédistes français lorsqu'il eut connaissance de leur projet[3]. C'est donc d'abord la recherche d'une saisie exhaustive du savoir qui a vivement intéressé les Encyclopédistes français dans la pensée de Wolff. Mais ils ne

1. Lettre de Voltaire à Maupertuis du 10 août 1741, *Voltaire's Correspondence*, Genève, Bestermann, 1955, t. XI, p. 182.
2. Sur la théorisation par Wolff du rapport à la pensée d'autrui, *cf.*, par exemple, *infra*, § 160.
3. *Cf.* S. Carboncini, « L'*Encyclopédie* et Christian Wolff. À propos de quelques articles anonymes », dans *Les Études philosophiques*, oct.-déc. 1987, 4, p. 489, n. 3. S. Carboncini rappelle que Formey vendit aux Encyclopédistes, en 1747, mille huit cents « petits in-folio » contre l'engagement de mentionner son nom à la fin de chaque contribution, ce qui fut fait.

se sont pas contentés de l'achat des essais de Formey. Sonia Carboncini a, en effet, identifié une série importante d'articles de l'*Encyclopédie*, non signés, traitant de métaphysique et de logique (notamment « ordre », « vérité métaphysique ou transcendantale », « perfection », « liaison », la définition de la logique dans l'article « philosophie ») « qui sont la traduction mot à mot, ou presque, de paragraphes entiers des ouvrages latins de Wolff ou la reprise pure et simple de la version française de sa logique allemande par Jean Deschamps »[1]. De plus, « à côté de ces articles-traductions de Wolff, il y en a d'autres qui sont des résumés fidèles de telle ou telle partie de ses ouvrages. Ainsi, l'article "Ontologie" est un véritable précis des "Prolegomena" de l'*Ontologia* »[2].

Par-delà ces emprunts, les œuvres de Wolff ont fait l'objet de traductions en français dès cette époque. Outre *La belle Wolfienne*, ouvrage en six volumes constitué pour une bonne part de traductions de passages entiers de l'œuvre logique et métaphysique de Wolff, Formey a donné en français, sous le nom de *Principes du droit de la nature et des gens*[3], un « abrégé » composé « à partir du grand ouvrage latin de M. de Wolff en huit volumes *in quarto* »[4] et auquel il a ajouté un autre

---

1. *Cf.* S. Carboncini, art. cit., p. 490. La « version française » de la logique allemande de Wolff est la *Logique, ou réflexions sur les forces de l'entendement humain, et sur leur légitime usage dans la connaissance de la vérité*, trad. fr. J. Deschamps, Berlin, Haude, 1736 (*GW*, III, 63).

2. *Op. cit.*, p. 499.

3. Édition en trois tomes à Amsterdam, Rey, 1758. Il existe un *reprint* de cette édition réalisé en 1988 par le Centre de Philosophie Politique et Juridique de l'Université de Caen sous la direction de Simone Goyard-Fabre. Les éditions Olms ont également édité un *reprint* de cet ouvrage en 2000 (3 vol., *GW* III, 66).

4. S. J. H. Formey, Préface aux *Principes du droit de la nature et des gens*, *op. cit.*, p. II.

abrégé, en français également, d'un volume sur le droit des gens publié ultérieurement par Wolff[1]. Le domaine juridique est d'ailleurs l'un de ceux où la réception de Wolff est très forte[2]. Il est important de remarquer que ce phénomène de transfert culturel qui a conduit l'œuvre de Wolff à passer les frontières et à devenir une référence dans la discussion philosophique francophone trouve son origine dans le milieu huguenot francophone de Berlin[3]. Non seulement Formey, qui resta tout au long de sa vie également professeur de philosophie au collège français de Berlin, mais aussi le huguenot Jean Deschamps (1707-1767), traducteur de la *Logique allemande*[4], de *Le Philosophe-roi et le roi-Philosophe*[5] et auteur d'un *Cours abrégé de la philosophie wolffienne en forme de*

---

1. Comme l'explique Otfried Nippold dans son introduction à un *reprint* du *Jus gentium methodo scientifica pertractatum* (vol. 1, Oxford-London-Clarendon, Humphrey Milford, 1934, p. XXIX), l'ouvrage wolffien sur le droit des gens, paru un an après le huitième volume sur le droit naturel, lui « succéda en tant que neuvième volume, si bien que l'œuvre entière se présente comme *Jus naturae et gentium* » (nous traduisons).

2. *Cf.* M. Thomann, *Christian Wolff et son temps (1679-1754). Aspects de sa pensée morale et juridique*, thèse de doctorat en droit, Strasbourg, 1963, t. 1, p. 4 : « "les Français et les Italiens" ne connaissent de la bibliographie juridique allemande que les traductions de Barbeyrac et de Wolff. L'œuvre de Vattel sur le droit des gens dont l'audience fut immense puisqu'elle a connu une cinquantaine d'éditions, dont vingt en français, est en réalité la traduction fidèle du "Jus gentium" de Wolff ». *Cf.* également André Bandelier, « De Berlin à Neuchâtel : la genèse du *Droit des gens* d'Emer de Vattel », dans M. Fontius, H. Holzhey (Hrsg.), *Schweizer im Berlin des 18. Jahrhunderts*, Berlin, Akademie Verlag, 1996, p. 45-56.

3. A. Bandelier souligne ce point pour expliquer les échanges entre Emer de Vattel et Formey, art. cit.

4. *Op. cit.*

5. Publié à Berlin, chez Haude, en 1740 ; Vrin, Paris, 1985.

lettres [1], a joué un rôle central [2]. Les huguenots ne constituent toutefois pas le seul relais de diffusion du wolffisme. Jürgen Voss a ainsi montré les contacts étroits qu'il entretint avec l'Académie des Sciences de Paris, dont il devint le premier correspondant allemand, mais aussi avec les responsables du *Journal des Savants* [3]. On pourrait également mentionner la traduction résumée anonyme de la première partie de la *Psychologia empirica* publiée sous le titre *Psychologie ou*

---

1. Publié à Amsterdam et Leipzig, Arkstée & Merkus, 1743-1747 (*GW* III, 13).

2. Ce cours était destiné aux deux jeunes frères de Frédéric II, Heinrich et Ferdinand, dont Deschamps fut le précepteur à partir de 1740. Bien reçu par Frédéric II dans un premier temps, il a ensuite fait l'objet d'une satire organisée par ses soins lorsqu'il se rendit compte qu'il contenait une critique de son philosophe protégé Voltaire. Cette querelle a fait l'objet d'une minutieuse analyse par Uta Janssens-Knorsch dans « Heldenverehrung und Kritik : Friedrich der Grosse in den Augen seines französischen Untergebenen Jean Des Champs », dans J. Ziechmann (Hrsg.), *Fridericianische Miniaturen*, « Forschungen und Studien zur Fridericianischen Zeit » n° 2, Bd. 1, Bremen, Hauschild, 1988, p. 65-80. Uta Janssens-Knorsch a également édité les *Mémoires secrets* de Jean Des Champs : *The Life and « Mémoires secrets » of Jean Des Champs, 1707-1767 : Journalist, Minister, and Man of Feeling*, « Studies of the Pierre Bayle Institute » n° 21, Amsterdam, Maarssen, APA, Holland University Press, 1990.

3. *Cf.* Jürgen Voss, « Christian Wolff, die Pariser "Académie des Sciences" und seine wissenschaftlichen Kontakte nach Frankreich », dans G. Jerouschek et A. Sames (Hrsg.), *Aufklärung und Erneuerung. Beiträge zur Geschichte der Universität Halle im ersten Jahrhundert ihres Bestehens (1694-1806)*, Halle, Dausien, 1994, p. 162-168, plus particulièrement p. 164-165 : « Au début du mois de janvier 1733, Wolff fit parvenir ses publications à l'abbé Jean Paul Bignon (1662-1743) par l'intermédiaire de l'influent historien strasbourgeois Johann Daniel Schöpflin (1694-1771). Le premier n'occupait pas simplement une fonction de direction à la Bibliothèque du Roy mais était également membre de l'"Académie des Sciences" et de l'"Académie des Inscriptions et Belles Lettres", et il dirigea pendant de longues années le "Journal des Savants" » (nous traduisons).

traité sur l'âme à Amsterdam en 1745[1], ainsi que les *Institutions physiques* de la Marquise du Châtelet (1706-1749)[2]. Ainsi, s'il existe une ignorance française de la pensée wolffienne, elle n'est pas le fait des Lumières, mais des deux siècles qui les suivirent.

Mais tout cela n'explique pas encore le choix du *Discursus Praeliminaris*. Si nous commençons le travail par ce texte, c'est parce qu'il s'agit d'un programme pour une pensée elle-même encyclopédique et systématique. Nous avons donc ici, ramassé en un nombre limité de paragraphes, le noyau de la philosophie wolffienne.

LE *DISCURSUS PRAELIMINARIS DE PHILOSOPHIA IN GENERE*

Situation et dessein du Discursus praeliminaris

Publié en 1728 en ouverture à la logique latine, ce discours est le pendant latin du *Vorbericht über die Weltweisheit* (*Discours préliminaire à la philosophie*) qui faisait entrer en 1713 dans la logique allemande, premier moment de la

---

1. Publiée chez Mortier. L'auteur pourrait en être J. Deschamps (*GW* III, 46).

2. *Institutions physiques*, Amsterdam, Compagnie, 1740 (seconde édition (1742) en *GW* III, 28). On se référera également à ce qu'en dit Wolff dans son *Eigene Lebensbeschreibung, op. cit.*, p. 176-178. Proche de Voltaire, fort critique, comme on le sait, à l'égard de Leibniz et pourfendeur de Wolff auprès de Frédéric II, la marquise du Châtelet attribue ses emprunts à Leibniz, *cf.* M. Thomann, *op. cit.*, p. 7-8 : « Quant à la *Marquise du Châtelet*, elle est l'auteur d'une "Institution de physique" qui est copiée du système de Wolff : on y trouve des pages entières traduites mot à mot – mais l'ensemble est uniquement attribué à Leibniz ». M. Thomann repère même la naissance de l'aversion de Voltaire pour Wolff : « *Voltaire* ne fait pas exception à ce qui sera la règle : là où dans l'édition originale il avait écrit "Wolff", il imprimera "Leibniz" dans les éditions ultérieures… ».

philosophie de Wolff. Expulsé de Prusse sous la pression des Piétistes et suite à son discours sur la philosophie pratique des Chinois (1723)[1], dans lequel il conférait aux païens une moralité au moins équivalente à celle des chrétiens, Wolff chercha des appuis hors d'Allemagne. Pour ce faire, il entreprit une réécriture en latin – langue de communication internationale – de son œuvre philosophique. Ce travail de réécriture et de diffusion, loin de se réduire à une traduction, alla de pair avec un immense développement de son œuvre. Aux dix-sept paragraphes du *Vorbericht über die Weltweisheit* feront ainsi place les six chapitres et les cent soixante et onze paragraphes richement détaillés du *Discursus praeliminaris*. Nous avons donc affaire à un texte liminaire chargé de donner l'architecture et les principes fondateurs du système encyclopédique wolffien. J. École a ainsi souligné la fonction de « véritable manifeste » ou de « programme d'ensemble » de cet ouvrage[2], ce qui justifie notre choix de commencer le travail collectif d'édition et de traduction d'œuvres de Christian Wolff par le *Discursus praeliminaris*.

Le *Discursus* présente le plan élaboré par Wolff en vue d'une exposition de la connaissance. Prologue à la *Logique latine*, il est conçu pour introduire à l'ensemble du système wolffien exposé dans les volumes qui suivront celui de la

---

1. Sur ce texte, *cf.* l'édition annotée et introduite par Michael Albrecht chez F. Meiner Verlag (Christian Wolff, *Oratio de Sinarum philosophia practica / Rede über die praktische Philosophie der Chinesen.* Übersetzt, eingeleitet und herausgegeben von Michael Albrecht. Lateinisch-Deutsch (Philosophische Bibliothek, Bd. 374), Hamburg, 1985) ainsi que l'article de J.-M. Rohrbasser, « Christian Wolff et la philosophie pratique des Chinois », à paraître chez Olms dans les actes du congrès international Ch. Wolff qui a eu lieu à Halle en 2004.

2. *Cf.* J. École, *GW* II, 1.1, p. VII, et *La métaphysique de Christian Wolff*, t. 1, p. 51.

logique et qui renfermeront la métaphysique (ontologie, cosmologie, psychologies empirique et rationnelle, théologie naturelle) puis la philosophie pratique (dogmatique et expérimentale), la physique, la philosophie des arts et celle de la jurisprudence[1]. Dès lors, dans le *Discursus*, Wolff présente un grand nombre de notions qui ne seront pleinement développées que dans les volumes suivants; toutefois, l'ouvrage forme un ensemble cohérent et organisé que l'on peut lire comme une sorte de *Discours de la méthode* de la philosophie wolffienne. Le *Discursus* contient en effet la présentation la plus claire que Wolff ait jamais faite de sa théorie de la division des sciences et de la démarche scientifique.

L'œuvre est précédée, comme c'est l'usage, d'une dédicace et d'une préface. La dédicace est adressée à Charles Ier, Landgrave de Hesse, qui avait accueilli Wolff après qu'il eut été chassé de Prusse et lui avait permis d'enseigner à l'Université de Marbourg. Le philosophe lui-même y fait d'ailleurs allusion. On y trouve en outre quelques indications intéressantes sur les engagements philosophiques de Wolff. Par exemple, le thème fondamental du double objectif que se donne le philosophe est clairement indiqué dès la première phrase : la philosophie « tout entière » doit être « certaine et utile » ; l'assise théorique solide comme la finalité pratique sont clairement nommées. Wolff entame alors une diatribe manifestement dirigée contre ses adversaires, les Piétistes de Halle. Il estime en effet que les universitaires en place, non seulement n'ont pas besoin d'une philosophie telle qu'il la prône, mais de plus font tout pour en entraver l'existence. Le

---

1. *Cf.* sur ce point J. École, « La conception wolffienne de la philosophie d'après le "Discursus praeliminaris de philosophia in genere" », *GW* III, 11, p. 40-42.

Landgrave de Hesse, lui, est présenté comme un fervent partisan de la liberté de philosopher, telle qu'elle est exposée dans le sixième et dernier chapitre du *Discursus*, et comme permettant l'enseignement de la véritable méthode convenant à la vraie philosophie. Il a en outre très bien compris combien il est nécessaire, dans les affaires politiques, voire la conduite en général, d'ordonner ses pensées selon une loi certaine. Les préoccupations théoriques rejaillissent ainsi directement sur la pratique, qui ne peut se passer de règles sûres. Wolff va jusqu'à comparer Charles Ier à Louis XIV, à qui Tschirnhaus avait dédié sa *Medicina mentis*, ouvrage dont on a mentionné ci-dessus le rôle influent qu'il joua dans la formation de la pensée de l'auteur du *Discursus*.

La préface qui suit, fidèle à la loi du genre, est consacrée à l'exposé de l'objectif et du contenu du *Discursus*. Les deux premières phrases reprennent la double visée, théorique et pratique, poursuivie par le système wolffien : l'évidence, qui, seule, peut emporter durablement l'assentiment, ainsi qu'un enseignement de la philosophie pouvant servir à l'usage de la vie. Dans la foulée, Wolff insiste sur l'importance capitale de la méthode. Bien sûr, puisqu'il s'agit uniquement d'une préface, qui plus est à un discours préliminaire à la philosophie proprement dite, la méthode elle-même n'est pas encore appliquée. Toutefois, la clarté des vues du philosophe, alliée à la netteté de son style, est déjà présente. C'est seulement en faisant montre de rigueur qu'il est permis de distinguer le vrai du faux et de lier convenablement les vérités entre elles, d'en faire de véritables chaînes de raisons, pour paraphraser Descartes [1]. Le but que se propose Wolff est même l'obtention d'un « système harmonique », d'une totalité organisée ration-

---

1. Cf. *Discours de la méthode*, II, AT, VI, p. 19.

nellement en vue de rendre compte, sans contradiction, de ce qui est. Désireux d'atteindre cet objectif, le philosophe se refuse à polémiquer contre ceux qui méprisent toute doctrine solide, tout ensemble théorique bien fondé et bien lié ; le public allemand, espère-t-il, aura l'esprit assez juste pour ne pas croire ses contempteurs, et le cœur assez droit pour saisir que, en l'affaire, la vertu n'est pas là où on aimerait le laisser croire. En effet, vouloir à tout prix réfuter ses adversaires ne sied pas à un philosophe, qui doit plutôt employer toute son énergie à déployer le vrai. Wolff évoque ainsi le « long chemin » sur lequel il s'est engagé pour élaborer chaque partie de la philosophie selon une même méthode rigoureuse. Le philosophe se distinguera, il est vrai, par l'amplitude de son propos lorsqu'il touchera, tour à tour, les divers domaines de la culture. Sa théorie de la logique, premier domaine à être exploré, se veut conforme à la pratique des meilleurs géomètres. Wolff se réclame en effet des mathématiciens rigoureux, dont Euclide fait partie. Selon le philosophe, on ne peut parvenir à une connaissance certaine des choses que par cette voie. Il ne s'agit donc pas d'une question de goût personnelle mais bien d'une nécessité liée à la pensée de la chose même. En plus d'être solide, la méthode sera profitable à tous ceux qui veulent vivre bien et dans la vérité.

Structure du Discursus praeliminaris

Les manières d'appréhender ce qui est ou se produit constituent l'objet du premier chapitre du *Discursus*. Trois modes de connaissance forment l'ensemble du savoir humain.

Là où Leibniz séparait vérité de raison et vérité de fait[1], Wolff distingue la connaissance historique, la connaissance mathématique et la connaissance philosophique. Il définit la première comme étant la connaissance des choses « qui sont et se produisent » soit dans le monde matériel, celui des corps, soit dans le monde immatériel, celui des esprits. Un savoir factuel de l'âme est donc possible car les vérités historiques sont loin de concerner la seule nature extérieure. Dans tous les cas, c'est la connaissance historique qui constitue le fondement empirique des vérités supérieures. Aristote soulignait déjà que la connaissance de ce qui est et se produit est différente de celle qui consiste à connaître ce pourquoi est ce qui est ou se produit ce qui se produit[2]. Or, la connaissance des raisons qui font comprendre pourquoi quelque chose est ou se produit constitue la connaissance philosophique. Au savoir factuel doit donc venir s'adjoindre celui des raisons. Toutefois, par là, la certitude complète à laquelle aspirer en philosophie n'est pas encore atteinte. Manque encore le troisième mode de connaissance, la connaissance mathématique, à savoir celle de la quantité des choses. Il est vrai que seul Dieu est un parfait philosophe[3] car lui seul connaît toute chose de manière entièrement distinguée. Toutefois, le philosophe doit s'efforcer de cultiver tous les modes de connaissance et de les conjoindre constamment. Même l'art pourra être de quelque

1. *Cf.* Leibniz, *Monadologie*, édition établie, présentée et annotée par M. Fichant, « Folio essais », Paris, Gallimard, 2004, p. 227-228.
2. Cf. *Métaphysique*, A, II et III, 982a-984a, trad. fr. J. Tricot, Paris, Vrin, 1986, p. 12-34.
3. *Cf.* Werner Schneiders, « *Deus est philosophus absolute summus*. Über Christian Wolffs Philosophie und Philosophiebegriff », dans W. Schneiders (Hrsg.), *Christian Wolff (1679-1754). Interpretationen zu seiner Philosophie und deren Wirkung*, Hamburg, Meiner, 1983, p. 9-30.

secours pour mettre en évidence de nouveaux faits, qu'ils viennent confirmer après coup une vérité de raison ou qu'ils ouvrent la voie à de nouvelles investigations rationnelles. Les différents types de vérités doivent conspirer pour rendre la connaissance plus parfaite et permettre le progrès des sciences. Il est à noter que la tripartition des vérités connaîtra une certaine fortune après Wolff. Lorsque Hegel, en des pages célèbres de sa préface à la *Phénoménologie de l'esprit*[1], repensera à nouveaux frais la connaissance spéculative dans son rapport à la vérité historique ou mathématique, il transformera certes profondément l'acception des termes mais il n'en empruntera pas moins un chemin ouvert par son lointain devancier.

Dans le deuxième chapitre du *Discursus*, Wolff donne une définition de la philosophie qui s'avère tout à fait fondamentale dans son système : elle est « la science des possibles en tant qu'ils peuvent être », la science étant « l'habileté à démontrer des assertions » à partir de principes établis. Une double remarque s'impose. La science est définie principalement comme l'aptitude d'un sujet, aptitude qui peut être développée par l'usage, renforcée par la pratique. En outre, rendre intelligible le monde des possibles n'exclut en rien de rendre raison de ce pourquoi des possibles peuvent devenir actuels, passer à l'existence. Car les existants sont *a fortiori* possibles. Ajoutons que si le critère déterminant pour la consistance du système et l'intelligibilité des éléments qui le composent est le principe de contradiction, ce principe n'explique toutefois pas à lui tout seul le fait que quelques possibles deviennent réels tandis que d'autres demeurent simples possibles : la non-

---

1. Cf. *Préface et introduction de la Phénoménologie de l'esprit*, trad. fr., intro. et notes B. Bourgeois, Paris, Vrin, 1997, p. 106 *sq.*

contradiction d'un possible est une condition nécessaire mais non suffisante à lui conférer la réalité. Comprendre pleinement le réel requiert de trouver l'explication de ce pourquoi tel possible plutôt qu'un autre acquiert la réalité. Cette explication subséquente est fournie par le principe de raison suffisante. L'entreprise philosophique tout entière est donc soumise à un solide schéma déductif, et elle ne manque pas de produire des vérités fermes et bien liées. C'est pourquoi Wolff compte la philosophie au nombre des choses qui ne sont pas impossibles et dont, par ailleurs, nous pouvons nous rendre maîtres autant qu'il est en nous. Celui qui met en pratique les préceptes wolffiens sait bien que, même s'il sait rendre raison de beaucoup de choses, il ne peut être philosophe en toutes choses, ce qui le détourne de l'orgueil. La méthode porte ses fruits jusque dans les domaines du droit, de la médecine et des arts. Cultiver la philosophie est cependant d'une portée plus générale. En effet, la connaissance philosophique s'applique à plus de cas que la connaissance historique, ce qui la rend plus fructueuse ; elle se montre d'autant plus économique que l'étendue de son champ est plus considérable. De plus, la connaissance philosophique emplit l'esprit d'un plaisir que la connaissance historique, qui, certes, possède une utilité pour la vie, ne procure pas.

Le troisième chapitre est consacré aux parties de la philosophie. Elles se rangent dans un ordre tel que viennent en premier celles auxquelles d'autres empruntent leurs principes. Elles sont cependant distinguées également sur la base de leur objet. Les trois parties premières de la philosophie s'occupent respectivement « de Dieu, de l'âme humaine et des corps, ou choses matérielles », et se nomment respectivement théologie naturelle, psychologie et physique. Dès lors que l'âme possède principalement deux facultés, celle de connaître et celle de désirer, se trouvent ensuite fondées la logique et la philosophie pratique. La logique doit tantôt être traitée en premier lieu, tantôt succéder à l'ontologie et à la psychologie, dont elle tire ses principes. En fait, si l'on suit l'ordre de l'étude, elle doit venir en premier, si l'on suit l'ordre de la démonstration, la logique doit venir en second lieu. Wolff a, dans les faits, choisi de traiter en tout premier lieu la logique, de façon à mieux préparer l'élève à la science en lui faisant comprendre les règles de l'établissement et de la progression de celle-ci. Par ailleurs, dans la philosophie pratique, l'homme peut être derechef considéré de deux façons, comme homme ou comme citoyen. Cette double considération est à la base de la distinction entre éthique et politique, auxquelles on doit adjoindre, dit Wolff, l'économique et le droit naturel. Enfin, à côté de ces disciplines philosophiques ressortissant à la philosophie pratique, il faut encore compter ce que Wolff appelle la philosophie pratique universelle, laquelle enseigne ses règles les plus générales, ainsi que la philosophie des arts (de la technologie et des arts libéraux). La philosophie pratique universelle tire, comme le fera la physique, ses principes de la métaphysique. Tout au long de la première moitié de ce troisième chapitre, Wolff introduit les unes après les autres les disciplines philosophiques en donnant, la plupart du temps, en premier lieu ce qu'il appelle le fondement de la discipline en question puis en exprimant sa définition. C'est ainsi qu'il introduit, aux § 73 et 74, l'ontologie et l'art d'inventer. L'énumération des disciplines fondées sur la faculté de connaître se poursuit avec les différentes parties de la physique : physique générale, cosmologie générale (dont Wolff est l'inventeur), météorologie, oryctologie, hydrologie, phytologie, physiologie, ou économie animale, et pathologie physique. Toutes ces disciplines, ajoute le philosophe, apprécient la raison des choses tirée de la cause efficiente ; cependant, il existe encore une autre partie de la philosophie de la nature, « qui explique les fins des choses ». Wolff la baptise téléologie, nom appelé à une grande fortune du fait, notamment, de sa reprise par Kant dans la *Critique de la faculté de juger*[1]. Wolff indique, dans le § 87, autour duquel pivote tout ce chapitre III, que toutes les disciplines s'ordonnent selon un ordre bien précis dans le système, chacune, conformément à la méthode scientifique, trouvant ses principes dans celle qui précède et servant à son tour de fondement à celle qui la suit. La substance de ce paragraphe sera reprise par Wolff dans le chapitre IV lorsqu'il énoncera, traitant cette fois de la méthode et non plus des différentes parties de la philosophie, « la loi suprême de la méthode philosophique » (§ 133). Après ce paragraphe-pivot, Wolff s'attache à préciser quel est l'agencement des disciplines, métaphysiques ou secondes. On voit à l'occasion que cet ordonnancement ne va pas de soi : soit la physique, soit la philosophie pratique peut suivre immédiatement la métaphysique. Les considérations sur l'ordre des disciplines montrent également que Wolff n'est pas un rationaliste impénitent. En effet, c'est bien la physique expérimentale qui doit précéder la physique dogmatique, non l'inverse.

Le quatrième chapitre du *Discursus* traite en détail de la méthode philosophique que Wolff définit comme l'ordre que le philosophe doit utiliser « dans l'enseignement des dogmes ». Les *dogmata* sont des vérités de raison, par

---

1. Cf. *Critique de la faculté de juger*, Introduction VIII, trad. fr. J.-R. Ladmiral, M. B. de Launay et J.-M. Vaysse, *Œuvres de Kant*, « Bibliothèque de La Pléiade », Paris, Gallimard, 1985, vol. II, p. 910-912.

opposition à celles de fait, historiques[1]. D'où l'on comprend mieux l'épithète de dogmatique appliquée à Wolff par Kant[2], qui ne désigne pas tant son affirmation résolue des choses en soi que l'ordre démonstratif dont il n'a jamais voulu se départir. Les caractéristiques de la méthode sont les suivantes : il s'agit d'expliquer tous les termes, d'utiliser des principes déjà prouvés, des propositions déduites de ces principes, et surtout – règle suprême évoquée ci-dessus – il faut expliquer les termes entrant dans les définitions qui suivent par les définitions qui précèdent. Il convient en outre de distinguer le probable du certain. On distingue donc les assertions et les hypothèses, puis on précise l'emploi de ces dernières. Le philosophe, ne connaissant pas les raisons dernières de tous les phénomènes observés, est contraint d'introduire des hypothèses raisonnables qui devront ouvrir la voie à la découverte de la vérité. Voir si les hypothèses coïncident avec des observations est, en effet, une manière de cheminer vers la vérité. Une hypothèse peut naturellement être infirmée avec le temps, et on ne doit jamais l'employer pour démontrer des dogmes. Si elles trouvent droit de cité dans la philosophie, il serait effectivement inconvenant d'en abuser. Enfin, un dernier précepte méthodique consiste à déterminer convenablement le prédicat dans les propositions philosophiques. La preuve doit être menée à partir d'un prédicat d'extension moindre, afin, notamment, d'éviter la subreption, faute de raisonnement consistant à donner pour premier ce qui, en fait, est déduit. Wolff examine alors l'ordre des parties de la philosophie et justifie l'application de la méthode à l'ensemble de la philosophie

---

1. Le tout début du troisième volet de la *Logique latine*, *GW* II, 1.3, p. 537, § 743, parle de « *dogmata, seu veritates universales* ».
2. Cf. *Critique de la raison pure*, préface à la seconde édition, B XXXVI.

comme système. Il expose en outre les trois préjudices nés de ce que l'on a négligé la méthode philosophique. Wolff est en effet sur ce point l'homme d'un seul Dieu : il n'y a qu'une méthode philosophique et, hors d'elle, point de salut. Le troisième préjudice désigne clairement l'importance que Wolff donne à la pratique. Enseigner la philosophie autrement que suivant la méthode philosophique, c'est en effet, selon le philosophe, enseigner des choses « qui répugnent à l'usage de la vie », c'est-à-dire qui ne peuvent être mises en application dans les actions les plus communes. Wolff conclut en montrant que les règles de la méthode philosophique sont identiques à celles de la méthode mathématique. Cette identité provient d'une même quête de la certitude, plus précisément de ce que toutes deux sont dérivées de « la Logique plus vraie ». Par là, il faut certainement entendre le champ qu'il a contribué à améliorer, par opposition à son état antérieur. S'il y a identité, c'est que, en mathématiques, on n'accorde rien en principe qui ne soit contenu dans les définitions précédentes ou dans les axiomes et postulats qui en sont issus. Il faut toujours produire les définitions et principes sur lesquels on fonde la démonstration, afin que chacun voie que la preuve est correcte. En découle la méthode scientifique générale. Il ne faut pas utiliser de termes qui n'auraient pas été définis, ni admettre ou utiliser une proposition qui n'aurait pas été auparavant prouvée. Enfin, il convient de toujours relier à ce qui précède ce qui suit, et de toujours déduire ceci de cela. Cette méthode mathématique est restée attachée au nom de Wolff, parce que personne avant lui ne l'avait ainsi systématisée. Cet esprit systématique caractérise d'ailleurs la pratique wolffienne.

Le cinquième chapitre du *Discursus* traite du style philosophique. La loi suprême du style philosophique, suivant Wolff, est de ne tenir compte que de la possibilité de communiquer nos pensées à autrui. Or, pour le faire avec clarté et pertinence, il faut maintenir la signification reçue des mots ; il faut que la même signification soit constamment attribuée au même mot et que, lorsque la signification est changeante, elle soit ramenée à une signification fixe. C'est un devoir à l'observance duquel le philosophe se doit de s'astreindre. Wolff dénomme « termes » les notions techniques de la philosophie, les concepts qu'elle utilise. Les termes doivent être expliqués par une définition précise. Jusqu'à présent, on ne leur a pas prêté l'attention suffisante. Il convient maintenant de remédier à ce manque. Enfin, Wolff s'exprime sur les différents styles qui existent. Le style philosophique, exposant « la vérité dans sa nudité », doit briller par sa simplicité et proscrire tout effet oratoire. Ceci ne signifie pourtant pas que l'art du poète et celui de l'orateur soient absolument rejetés. Poète et orateur peuvent en effet rendre la vérité plus aimable et, ainsi, la faire percevoir par le plus grand nombre. Les linéaments d'une exposition populaire de la vérité, thème qui préoccupera fortement la suite du siècle, sont ainsi posés.

Dans le sixième chapitre du *Discursus*, Wolff précise ce qu'il entend par la liberté de philosopher, qui est « la permission de présenter publiquement sa pensée (*sententiam*) sur les choses philosophiques » ; *a contrario*, la servitude philosophique revient à devoir défendre le contraire de ce qui paraît vrai. Ainsi, la servitude philosophique est incompatible avec la pratique de la méthode philosophique et la règle suivant laquelle, dans le choix de ses pensées, seule la vérité doit entrer en ligne de compte. Le philosophe doit s'en tenir à son propre jugement et ne doit admettre les enseignements d'autrui qu'en tant qu'il peut lui-même, sinon les démontrer, du moins les comprendre conformément à la méthode. On peut être en désaccord sur les mots et s'accorder sur la chose, la raison d'une même pensée pouvant être différente. Le philosophe peut donc admettre la pensée d'autrui lorsqu'elle est démontrée comme vraie et qu'il peut l'éclairer, mais il lui est inutile de réfuter les erreurs puisque la méthode philosophique bien pratiquée le conduit immanquablement à la certitude de la vérité naturelle ou philosophique, sans d'ailleurs contredire la vérité révélée, ni enseigner quoi que ce soit qui s'écarte de la vertu ou du bien public. Il ne faut, par suite, accorder la liberté de philosopher, dont dépendent les avancées des sciences, qu'à ceux qui pratiquent correctement la méthode philosophique. Aucune limite n'est posée à la liberté du philosophe lorsqu'il procède selon la méthode adéquate. La liberté de penser, en effet, n'ouvre pas la porte à n'importe quelle licence, ni à un laxisme généralisé, puisqu'elle est limitée par les exigences de la méthode philosophique. Déduire des conclusions qui soient légitimes à partir de prémisses est la tâche propre du philosophe. Si elle est correctement observée, la méthode ne peut conclure à quoi que ce soit qui s'oppose à la divine révélation, à la vertu ou au bien public. Spinoza avait déjà affirmé que la liberté de philosopher ne nuisait pas à ces deux dernières[1]; Wolff entreprend, quant à lui, de traiter à nouveau la question. Aussi le philosophe consciencieux, tel que le présente et le représente Wolff, ne constitue-t-il pas une menace mais une aide au maintien de la religion, de la moralité et de l'État. La discussion sur la tolérance qui occupe le sixième chapitre du *Discursus* est ainsi particulièrement intéressante et prend un caractère dramatique – déjà annoncé dans la dédicace et la préface – dû à l'expulsion du philosophe par les Piétistes de Halle. Quoiqu'il se refuse à discuter en détail

---

1. Cf. *Traité théologico-politique*, trad. fr. J. Lagrée et P.-F. Moreau, « Epiméthée », Paris, PUF, 1999.

son expérience personnelle, elle constitue indubitablement l'une des raisons de l'étendue du propos dans ce chapitre et des efforts que fait Wolff afin de clarifier sa position. Un autre enjeu de cette section est d'affirmer le droit de la recherche philosophique par rapport à la tradition, plus particulièrement par rapport aux interprétations reçues en théologie. Le philosophe réclame pour sa discipline les plus grands égards, elle qui ne doit pas s'abaisser devant la théologie en masquant les possibles contradictions mais qui doit, au contraire, les exposer distinctement. Avec Wolff, la philosophie sort de son rôle ancillaire traditionnel pour s'affirmer comme discipline tutélaire, devant opérer un changement dans l'université puis dans le monde[1]. Lorsque Wolff fut rappelé à Halle par Frédéric II en 1740, il dut être particulièrement satisfait de constater le bien-fondé et la venue à l'actualité de ses vues.

Recensions du Discursus praeliminaris au XVIIIe siècle

L'ordonnancement des matières, que nous venons d'exposer, avait déjà été relevé par les premières recensions dont l'introduction à la *Philosophia rationalis* avait fait l'objet. Avec force détails, la livraison d'octobre 1728 des *Acta eruditorum*[2] avait esquissé le contour global du *Discursus praeliminaris* sans la moindre remarque critique.

---

1. *Cf.* Hans Erich Bödeker « Von der "Magd der Theologie" zur "Leitwissenschaft". Vorüberlegungen zu einer Geschichte der Philosophie des 18. Jahrhunderts », *Das Achtzehnte Jahrhundert*, 1990/1, p. 19-57.
2. Leipzig, p. 455-459 (*GW* II, 38.4, p. 1791-1795). En *GW* II, 38.1, les responsables des volumes concernant les recensions extraites des *Acta eruditorum*, Hubert A. Laeven et Lucy J.M. Laeven-Aretz, donnent les raisons qui les ont conduits à attribuer certains comptes rendus, dont celui-ci, à Wolff lui-même.

Maintenant que l'œuvre allemande avait été conduite à son terme, l'œuvre latine s'ouvrait par un discours « exposant le dessein de l'Auteur »[1]. La recension reprend littéralement nombre de formules de l'œuvre, sur les trois types de connaissance, la définition de la philosophie en tant que science des possibles, ses parties, sa méthode, le rôle des hypothèses, le style du philosophe ou encore la liberté qu'il doit s'efforcer d'affirmer. Elle souligne les disciplines originales touchées par Wolff, tels la « *Technologie, ou science des arts & des œuvres de l'art* », « *l'Art d'inventer*, distingué d'avec la Logique », la « *Téléologie*, qui explique les fins ainsi que l'usage des choses naturelles », la « *Cosmologie générale*, qu'il a le premier instaurée » comme « partie de la Métaphysique », ou enfin la « *Logique des probables* »[2]. De son côté, le compte rendu des *Deutsche Acta eruditorum*[3] est plus disert et aussi plus indépendant quant à ses formulations, même s'il se montre en fait aussi peu critique. Le *Discursus praeliminaris* est dit un « avant-propos complet à la philosophie en général »[4]. L'auteur de la recension rappelle quelques développements cruciaux du texte, comme ceux sur la connaissance historique, « lorsque quelqu'un sait ce qui se produit soit dans le monde matériel, soit avec les êtres (*Wesen*) autonomes immatériels, sans qu'il puisse donner de raison suffisante pour laquelle ce qu'il sait, soit lui-même avec l'aide des sens à partir de l'expérience, soit même parce que d'autres le lui ont raconté, peut être ainsi et non autrement »[5], ou sur l'identité

---

1. P. 456 (ici et après, nous traduisons).
2. P. 457.
3. Leipzig, 1728, 138ᵉ partie, p. 259-273.
4. P. 273.
5. P. 260.

des méthodes philosophique et mathématique [1]. Il laisse également apparaître le rapport que Wolff entretient de propos
délibéré avec la tradition philosophique, en convoquant les
noms de Campanella, Kepler, Descartes, Voëtius, Leibniz et
Spinoza [2].

Il faut attendre 1729 et deux recensions en langue française
pour voir poindre quelques commentaires et autres remarques
critiques. Le *Journal littéraire* de La Haye [3] et le *Journal de
Trévoux* [4] se retrouvent sur trois points précis. La définition
wolffienne de la philosophie, science qui doit « rendre raison
pourquoi les possibles peuvent devenir existens » [5], pose
problème aux deux auteurs des recensions. Là où le premier se
contente de glisser que « beaucoup de gens auroient souhaité
sans doute, qu[e Wolff] eut un peu plus eclairci cette matière,
qui est abstraite en soi, & nouvelle par le tour qu'il y donne » [6],
le second, plus acerbe, s'exclame « Mais, lui dira-t'on, n'est-
on pas d'autant meilleur Philosophe, qu'on sçait mieux les
choses qui sont, & comment elles sont ? » [7]. En outre, le plai-
doyer wolffien en faveur de la liberté de philosopher attire
quelques développements. Le recenseur de La Haye constate
que l'auteur n'a parlé en fait que de « *la liberté de dire la
vérité* » et a négligé le sens ordinaire de l'expression, qui est
« *la liberté de dire ce que l'on croit vrai* » ; or, si l'on accorde la
liberté de philosopher en ce dernier sens, on publiera certaine-

1. P. 268-269.
2. *Cf.* p. 264, 270-272.
3. Tome XIII, p. 171-178.
4. Tome XXIX, p. 1380-1400 (Genève, Slatkine Reprints, 1968,
p. 347-352).
5. *Journal littéraire*, p. 172.
6. *Ibid.*
7. P. 1384 (p. 348).

ment des sentiments qui se trouveront contraires à la religion et
à la morale[1]. Le recenseur de Trévoux pose la question de
savoir si «M. *Wolf*» ne porterait pas un peu trop loin la liberté
philosophique en rejetant «la voix de l'Autorité»: «nos
lumières propres sont-elles toûjours suffisantes pour discerner
exactement les choses qui sont liées ou non, avec la révélation,
contraires ou non à la vertu?»[2]. Enfin, les deux écrivains
d'expression française se retrouvent sur une louange: Wolff
fait preuve de «netteté d'idées» et maîtrise «la méthode
ordinaire aux Géometres»[3]. Malgré les réserves émises sur
des points de contenu, la valeur du *Discursus praeliminaris* est
jugée incontestable par les fruits qu'il promet non seulement
à la logique, mais encore au corps entier de la philosophie.
Wolff a fait montre d'un véritable esprit systématique tant en
demeurant fidèle à ses préceptes formels qu'en se ravisant à
l'occasion, dès lors que la vérité de la matière l'exigeait[4].

Précédentes éditions du texte

La *Logique latine* avec son incipit, le *Discours préliminaire sur la philosophie en général*, après une première parution en 1728, a fait l'objet de deux rééditions par son auteur, en
1732 et 1740, et de deux rééditions italiennes, en 1735 et
1779[5]. Ensuite, malgré l'intérêt que lui avaient marqué les

---

1. P. 177.
2. P. 1385-1386 (p. 348-349).
3. Respectivement *Journal littéraire*, p. 171, et *Journal de Trévoux*,
p. 1382 (p. 348).
4. C'est ainsi que l'on apprend dans le *Journal littéraire*, p. 173-174, ce qui
suit au sujet des hypothèses: «Il paroit que M. Wolff ne leur étoit pas ci-devant
favorable; mais il s'est *radouci* ».
5. *Cf.* l'avant-propos de J. École à la *Philosophia rationalis* en *GW* II, 1.2,
p. v, corrigé par G. Gawlick et L. Kreimendahl dans leur introduction au

différents recenseurs du dix-huitième siècle, il fallut attendre 1963 pour voir une nouvelle édition, en langue anglaise, du *Discursus praeliminaris*[1]. Le traducteur présenta le texte comme l'œuvre d'un représentant typique des Lumières qui, comme Bayle ou les Encyclopédistes, a cherché une synthèse complète de toute la connaissance humaine. Pour Wolff, toutefois, « toute l'entreprise devrait être organisée selon un schéma déductif formel contrôlé par les méthodes du rationalisme »[2]. En 1983, J. École a réédité le texte latin en lui adjoignant une introduction précise et stimulante. C'est à l'interprète français qu'on doit, entre autres choses, d'avoir souligné le rôle primordial du *connubium rationis et experimentiae* chez Wolff[3]. Raffaele Ciafardone et María Luisa Perez Cavana donnèrent respectivement une traduction partielle de l'ouvrage en italien et en espagnol[4]. Les paragraphes traduits, extraits des premier et quatrième chapitres, concernent les uns les trois types de connaissance, les autres la méthode philosophique. Enfin, une édition critique bilingue (latin-allemand) du texte a paru en 1996[5]. On est en particulier redevable aux traducteurs de cette édition d'avoir mis en lumière la dette

---

Discursus praeliminaris (*Einleitende Abhandlung über Philosophie im allgemeinen*, trad. all. G. Gawlick et L. Kreimendahl, Stuttgart-Bad Cannstatt, Frommann-Holzboog, 1996), p. LIII.

1. *Preliminary Discourse on Philosophy in general*, trad. ang. R. J. Blackwell, Indianapolis-New York, Bobbs-Merrill, 1963.

2. *Op. cit.*, p. VIII.

3. Cf. *GW* II, 1.1, p. XLIII-XLIX.

4. *Cf.* R. Ciafardone, *L'illuminismo tedesco*, Torino, Loescher, 1983 (version allemande par N. Hinske et R. Specht sous le titre de *Die Philosophie der deutschen Aufklärung*, Stuttgart, Reclam, 1990), et M. L. P. Cavana, *Chr. Wolff*, Madrid, Ediciones del Orto, 1995.

5. *Op. cit.* Une nouvelle édition de ce travail, plus courte (*Studienausgabe*), a été annoncée pour 2006 chez le même éditeur.

souscrite par Wolff envers Bacon lorsqu'il procède à une
trichotomie de la connaissance ou qu'il désire ramener la
connaissance historique cachée à la connaissance commune[1].
La *Concordance* du *Discursus praeliminaris* que les mêmes
G. Gawlick et L. Kreimendahl ont fait paraître en 1999[2] est en
outre un outil de travail précieux pour tous ceux qui désirent
entrer plus en profondeur dans le texte wolffien. On peut grâce
à elle assurer que, parmi les vocables déterminants les plus
utilisés, se trouvent ceux de « philosophie », « philosophe »,
« connaissance », « raison », « démontrer », « principe »,
« méthode », « définition », « chose » ou « proposition »[3].

Remarques sur la présente édition

Le texte latin utilisé pour l'actuelle traduction, la première
en langue française, est celui de l'édition critique allemande.
Puisque nous n'avons pas reproduit l'original en regard de la
traduction, nous avons mis entre crochets les ajouts néces-
saires à la bonne intelligence du texte français et avons indiqué
le terme latin entre parenthèses quand il s'agissait d'éviter les
équivoques[4]. Merci au directeur de la collection *Forschungen
und Materialen zur deutschen Aufklärung*, Norbert Hinske,
ainsi qu'à ses collaborateurs de leurs encouragements et de
l'aide matérielle qu'il nous ont apportée. Toute notre gratitude
va également au directeur du « Centre d'Études en Rhétorique,

---

1. *Op. cit.*, p. XXI, XXIV et XXV.
2. *Wolff-Index. Stellenindex und Konkordanz zu Christian Wolffs
« Discursus praeliminaris de philosophia in genere »*, in Zusammenarbeit mit
Hans-Werner Bartz, unter Mitwirkung von Heinrich P. Delfosse und Katja
Weckesser, Stuttgart-Bad Cannstatt, Frommann-Holzboog, 1999.
3. *Op. cit.*, p. XXXVI.
4. On se reportera au Glossaire, en fin de volume, pour plus de précisions.

Philosophie et Histoire des Idées » (*CERPHI*), Pierre-François Moreau, qui a rendu possibles la constitution et la prospérité du « Groupe de travail sur la philosophie allemande au dix-huitième siècle », auteur collectif du présent ouvrage [1].

Ont été partie prenante dans la traduction du texte latin et la relecture du manuscrit Thierry Arnaud, Stefanie Buchenau, Wolf Feuerhahn, Jean-François Goubet, Jeongwoo Park, Anne-Lise Rey et Jean-Marc Rohrbasser. S. Buchenau et A.-L. Rey ont initialement traduit la dédicace, la préface et les chapitres I et II, Th. Arnaud et J.-F. Goubet le chapitre III, W. Feuerhahn le chapitre IV, J.-M. Rohrbasser le chapitre V et J. Park le chapitre VI. Ont également apporté leur contribution Jacques Croizer, pour la traduction d'une partie du chapitre IV, et Jean-Paul Paccioni, pour la relecture du manuscrit.

L'harmonisation générale de la traduction et l'indexation du texte sont le fruit du travail de Th. Arnaud, J.-F. Goubet et J.-M. Rohrbasser. L'introduction et l'annotation ont été réalisées par Th. Arnaud, W. Feuerhahn, J.-F. Goubet et J.-M. Rohrbasser.

---

1. *Cf.* www.cerphi.net.

ANNEXES

ÉLÉMENTS BIOGRAPHIQUES

1679-1699 : Breslau
1679 : naissance le 24 janvier à Breslau (Silésie), dans une famille réformée. Fils de Christoph Wolff, artisan du cuir, et de Anna Gillerinn, Christian est le deuxième enfant d'une fratrie de trois fils et trois filles.
Jusqu'en 1699 : formation au Magdalen Gymnasium.

1699-1702 : Iéna
Études à l'université d'Iéna.

1703-1706 : Leipzig
Professeur de mathématiques à l'université de Leipzig.
1703-1704 : Wolff fait la connaissance de Leibniz.

1707-1723 : Halle an der Saale
1707-1714 : professeur de mathématiques à l'université de Halle.
1713 : publication de la *Deutsche Logik*.
1714-1723 : professeur de philosophie à l'université de Halle.
1719 : publication de la *Deutsche Metaphysik*.
1722-1723 : prorecteur de l'université de Halle.
1723 : À la suite de son discours sur « La philosophie pratique des Chinois », expulsion de Prusse sous la pression des Piétistes et du

plus influent d'entre eux à l'Université, Joachim Lange. Wolff trouve refuge à Marbourg (Hesse-Kassel).

1723-1740 : Marbourg
1723-1740 : professeur de philosophie à l'université de Marbourg.
1728 : publication du *Discursus praeliminaris de philosophia in genere* qui précède la *Logique latine*.

1740-1754 : Halle an der Saale
1740 : Wolff est rappelé à Halle par Frédéric II juste après son accession au trône de Prusse.
1740-1754 : professeur de philosophie à l'université de Halle.
1754 : Wolff décède à l'âge de 75 ans.

ÉLÉMENTS BIBLIOGRAPHIQUES

Outre les références aux œuvres de Wolff, on trouvera ci-dessous celles aux ouvrages les plus classiques sur sa pensée. Nous indiquons également les recherches récentes, avant tout en langue française, sur Wolff, ainsi que les travaux se rapportant exclusivement ou principalement au *Discours préliminaire*.

Sources manuscrites

Manuscrits MS 3010 et MS 3011[1] du fonds de la bibliothèque nationale et universitaire de Strasbourg.

Imprimés

Œuvres de Christian Wolff

WOLFF Ch., *Gesammelte Werke*, J. École, H. W. Arndt, Ch. A. Corr, J. E. Hofmann, M. Thomann (Hrsg.), Hildesheim, Olms

---

1. Ces deux manuscrits, alliant tous deux latin et allemand et comptant dix-sept paragraphes, sont des prolégomènes à la logique.

(I. Abteilung: Deutsche Schriften; II. Abteilung: Lateinische schriften; III. Abteilung: Materialien und Dokumente), à partir de 1965.

Traductions

FORMEY J. H. S., *La belle Wolfienne*, La Haye, Le Vier, 1741-1753, *reprint* en *GW* III, 16.

WOLFF Ch., *Logique, ou réflexions sur les forces de l'entendement humain, et sur leur légitime usage dans la connoissance de la vérité*, trad. fr. J. Deschamps, Berlin, Haude, 1736; *GW* III, 63.

– *Le Philosophe-roi et le roi-Philosophe*, trad. fr. J. Deschamps, Berlin, Haude, 1740; Paris, Vrin, 1985.

– *Psychologie ou traité sur l'âme*, Amsterdam, Mortier, 1745; *GW* III, 46.

– *Cours de mathématique, qui contient toutes les parties de cette science, mises à la portée des commençans*, traduit en françois et augmenté considérablement par Dom A.-J. Pernetty et Dom J.-F. de Brézillac de la Congrégation de Saint Maur, d'après Barbier, Paris, Ch.-A. Jombert, 3 volumes, 1747.

– *Principes du droit de la nature et des gens*, trad. fr. J. H. S. Formey, Amsterdam, Rey, 1758; « Bibliothèque de philosophie morale, politique et juridique », Caen, Presses Universitaires de Caen, 1988; *GW* III, 66.

– *Preliminary Discourse on Philosophy in general*, trad. ang. R. J. Blackwell, Indianapolis-New York, Bobbs-Merrill, 1963.

– *Discursus praeliminaris de philosophia in genere. Einleitende Abhandlung über Philosophie im allgemeinen*, trad. all. G. Gawlick et L. Kreimendahl, Stuttgart-Bad Cannstatt, Frommann-Holzboog, 1996.

Littérature secondaire

BELAVAL Y., *Études leibniziennes. De Leibniz à Hegel*, « Tel », Paris, Gallimard, 1975.

BILLER G., *Wolff nach Kant. Eine Bibliographie*, *GW* III, 87, Hildesheim, Olms, 2004.

CAMPO M., *Cristiano Wolff e il razionalismo precritico*, Milano, Vita e pensiero, 2 vol, 1939; *GW* III, 9.

CARBONCINI S., « L'*Encyclopédie* et Christian Wolff. À propos de quelques articles anonymes », *Les Études philosophiques*, 1987, n° 4, p. 489-504.

– *Transzendentale Wahrheit und Traum. Christian Wolffs Antwort auf die Herausforderung durch den Cartesianischen Zweifel*, « Forschungen und Materialien zur deutschen Aufklärung » 2, 5, Stuttgart-Bad Cannstatt, Frommann-Holzboog, 1991.

CASSIRER E., *La philosophie des Lumières*, trad. fr. P. Quillet. Paris, Fayard, 1966.

CIAFARDONE R., *L'illuminismo tedesco*, Torino, Loescher, 1983.

– *Die Philosophie der deutschen Aufklärung* (deutsche Bearbeitung von N. Hinske und R. Specht), Stuttgart, Reclam, 1990.

COURTINE J.-F., *Suarez et le système de la métaphysique*, Paris, PUF, 1990.

CROIZER J., *Les héritiers de Leibniz*, Paris, L'Harmattan, 2001.

ÉCOLE J., « La conception wolffienne de la philosophie d'après le "Discursus praeliminaris de philosophia in genere" », *Filosofia oggi*, 1978/I, cahier 4, p. 403-428 ; dans J. École, *Études et documents photographiques sur Wolff*, *GW* III, 11, 1988, p. 27-52).

– *La métaphysique de Christian Wolff*, Hildesheim, Olms, 2 tomes, 1990.

GAWLICK G., KREIMENDAHL L. (Hrsg.), *Wolff-Index. Stellenindex und Konkordanz zu Christian Wolffs « Discursus praeliminaris de philosophia in genere »*, Stuttgart-Bad Cannstatt, Frommann-Holzboog, 1999.

GOUBET J.-F. (dir.), *Revue philosophique de la France et de l'étranger*, numéro spécial « Christian Wolff », 2003, n° 3.

– « Logique et philosophie chez Christian Wolff (1679-1754) », *Corpus*, 2005, n° 49, Th. Hoquet (dir.), *Logiques et philosophies à l'âge classique*, p. 101-131.

HINSKE N., *Zwischen Aufklärung und Vernunftkritik. Studien zum Kantschen Logikcorpus*, Stuttgart-Bad Cannstatt, Frommann-Holzboog, 1998.

HONNEFELDER L., *Scientia transcendens. Die formale Bestimung der Seindheit und Realität in der Metaphysik des Mittelalters und der Neuzeit (Duns Scotus – Suárez – Wolff – Kant – Peirce)*, Hamburg, Meiner, 1990.

– *La métaphysique comme science transcendantale*, trad. fr. par I. Mandrella, Paris, PUF, 2002.

LAMARRA A., PALAIA R., PIMPINELLA P., *Le prime traduzioni della* Monadologie *di Leibniz (1720-1721). Introduzione storico-critica, sinossi dei testi, concordanze contrastive*, « Lessico Intelletuale Europeo » LXXXV, Florence, Leo S. Olschki Editore, 2001.

MOREAU P.-F., LARDIC J.-M. (dir.), *Archives de philosophie*, numéro spécial « Wolff et la métaphysique », 2002, tome 65, cahier 1.

PACCIONI J.-P., « Wolff et la constitution d'une science psychologique », dans J.-J. Wunenburger et P.-F. Moreau (dir.), *Annales doctorales* n° 4, « Psychologies », Université de Bourgogne, Éditions Universitaires de Dijon, 2001, p. 67-85.

– *Cet esprit de profondeur. Christian Wolff, l'ontologie et la métaphysique*, Paris, Vrin, 2006.

– *Revue de synthèse*, numéro spécial « Leibniz, Wolff et les monades. Science et métaphysique », à paraître.

PARK J., « La pensée esthétique de Christian Wolff », dans J.-F. Goubet, G. Raulet (dir.), *Aux sources de l'esthétique. Les débuts de l'esthétique philosophique en Allemagne*, Paris, Éditions de la Maison des Sciences de l'Homme, 2005, p. 57-99.

PEREZ CAVANA M. L., *Chr. Wolff*, Madrid, Ediciones del Orto, 1995.

PIMPINELLA P., « La pensée de Wolff à l'origine de l'esthétique », dans S. Buchenau, É. Décultot (dir.), *Revue Germanique Internationale*, numéro spécial « Esthétiques de l'Aufklärung (1720-1780) », à paraître en 2006.

ROHRBASSER J.-M., *Dieu, l'ordre et le nombre*, Paris, PUF, 2001.

RUDOLPH O.-P., GOUBET J.-F. (Hrsg.), *Die Psychologie Christian Wolffs*, Tübingen, Niemeyer, 2004.

SCHNEIDERS W. (Hsrg.), *Christian Wolff (1679-1754). Interpretationen zu seiner Philosophie und deren Wirkung*, Hamburg, Meiner, 1983.

TERWEI D., *Aufklärungsdeutungen. Konkretisierung eines epochalen Paradigmas*, Marburg, Tectum-Verlag (Mikrofische-Ausgabe Edition Wissenschaft, Reihe Philosophie, 22), 2002.

THOMANN M., *Christian Wolff et son temps (1679-1754). Aspects de sa pensée morale et juridique*, thèse de doctorat en droit, Strasbourg, 2 tomes, 1963.

– « Influence du philosophe allemand Christian Wolff (1679-1754) sur l'*Encyclopédie* et la pensée politique et juridique du XVIIIe siècle français », *Archives de philosophie du droit*, 1968, n°13, p. 233-248.

VOSS J., « Christian Wolff, die Pariser "Académie des Sciences" und seine wissenschaftlichen Kontakte nach Frankreich », dans G. Jerouschek, A. Sames (Hsrg.), *Aufklärung und Erneuerung. Beiträge zur Geschichte der Universität Halle im ersten Jahrhundert ihres Bestehens (1694-1806)*, Halle, Dausien, 1994, p. 162-168.

WILLE D. von, « Il "Saggio sopra la Filosofia in genere" di Lodovico Arnaldi : una traduzione settecentesca inedita del "Discursus praeliminaris" di Christian Wolff », *Studi Filosofici*, 1995, n° 18, p. 89-126.

WUNDT M., *Die deutsche Schulphilosophie im Zeitalter der Aufklärung*, Hildesheim, Olms, 1992 ; 1re éd., Tübingen, J. C. B. Mohr (Paul Siebeck), 1945.

CHRISTIAN WOLFF

DISCOURS PRÉLIMINAIRE
SUR LA PHILOSOPHIE
EN GÉNÉRAL

DÉDICACE

En aspirant à rendre la philosophie tout entière et certaine et utile, j'entreprends une œuvre difficile et périlleuse ; il [est], en effet, de l'intérêt de la plupart de ceux qui ont pris possession d'une chaire que ne s'affermisse pas une doctrine solide et accomplie dont l'Église et l'État, surtout à notre époque, ont au plus haut point besoin. En effet, même si, d'une part, les anciens ont bien et droitement enseigné (*tradita*) beaucoup de

---

1. Landgrave de Hesse-Kassel de 1670 à sa mort en 1730, ce défenseur du protestantisme accueillit des huguenots et fut un mécène des sciences et des arts. Il permit à Wolff de trouver refuge à Marbourg après son expulsion de Prusse en 1723.

[choses] et si, d'autre part, le siècle présent et celui d'avant ont dévoilé beaucoup de [choses] remarquables dans tout le genre des sciences, la liberté de philosopher a cependant introduit dans les écoles une certaine philosophie superficielle, qui plaît à la jeunesse oisive mais n'est apprise que dans l'espoir d'un oubli futur. Il n'est par suite pas permis de troubler impunément le repos des écoles, profitable aux professeurs et agréable aux élèves. C'est donc Toi que je vénère, PRINCE TRÈS PUISSANT, Toi que la divine providence m'a donné comme Protecteur, par la libéralité tout à fait singulière duquel et sous la protection très ferme duquel je suis en mesure d'accomplir les [choses] que ceux qui détournent la jeunesse de la vraie et savante manière d'étudier ont osé m'empêcher de réaliser par leurs conseils infâmes. Toi, PRINCE TRÈS SAGE, Tu Te distingues des Princes de l'Europe tout entière autant par l'âge que par la science, la sagesse et la prudence, de sorte qu'il n'est pas de philosophe plus heureux que celui qui profite pleinement de la clémence de TA SÉRÉNITÉ. Détenant le Principat depuis plus de cinquante ans, exemple des plus rares, il T'a été donné de célébrer le jubilé du gouvernement. À la guerre, Tu as prouvé Ta force, Ta constance et Ta circonspection, et au gouvernement Ta prudence, Ton indulgence et Ta mansuétude. Dans tout le genre des sciences, surtout mathématiques et Physiques, et aussi dans les arts éminents, Tu T'es élevé au sommet, sur lequel quiconque les approfondit plus intimement admire en Toi l'inventeur. Ainsi, Toi, PRINCE TRÈS CIRCONSPECT, en discernant la doctrine solide et utile à l'État de celle qui est vaine et stérile, en voyant non par des yeux étrangers, mais par les Tiens propres, Tu donnes des échantillons d'une pénétration admirable. Par Ta libéralité et Ton exemple, Tu secondes les efforts de ceux qui se consacrent tout entier à cultiver les arts et les sciences grâce à leurs dispositions naturelles. C'est

au compte de TA SÉRÉNITÉ que je porte, moi aussi, placé en chaire, d'être en mesure de présenter une doctrine solide aux esprits (*ingeniis*) élevés, accourant à Marbourg des régions les plus éloignées, ainsi que de jouir d'un loisir tranquille pour l'élaboration des œuvres philosophiques dont j'avais conçu l'idée en mon esprit (*animo*). C'est donc à Toi, PRINCE TRÈS CLÉMENT, que la postérité reconnaissante attribuera toute utilité (*utilitatis*) pour l'État et tout bonheur pour le genre humain qui rejaillira un jour de là. C'est pourquoi, puisque je porte maintenant à la connaissance du public le premier volume de ces œuvres-là, il faut louer par des éloges publics la clémence et la libéralité de TA SÉRÉNITÉ envers moi, afin que tout un chacun, quelle que soit la part dont il sait avoir bénéficié, comprenne qu'il doit convertir sa pensée (*mentem*) reconnaissante en Ta gloire. Ainsi, je dédie cette œuvre à TON NOM SÉRÉNISSIME et la dépose à Tes pieds avec la plus grande dévotion. En effet, même si je suis d'avis que n'iront pas manquer ceux qui, par précipitation, jetteront le discrédit sur toute Logique parce que celle qu'on enseigne couramment est d'ordinaire utile aux seuls professeurs et ne l'est guère, sinon nullement, aux élèves, et ceux qui m'accuseront de je ne sais quelle témérité et irréflexion parce que je ne redouterais pas de la soumettre mal à propos au regard d'UN PRINCE SI GRAND, cependant, PRINCE TRÈS AVISÉ, je suis très fermement persuadé que Ton jugement est séparé de cela par une distance infinie, Toi auquel le traitement précis des Mathématiques et des choses naturelles a appris quelle est la Logique plus vraie et qui, ayant réalisé en abondance des [choses] remarquables à la guerre et au Principat, as compris combien il est avantageux, en délibérant et en décidant, de faire avancer ses pensées selon une loi certaine. Donc, de même que LOUIS LE GRAND, dont la postérité racontera plus tard que, par une libéralité vraiment royale, il a enflammé aux études ceux qui explorent la vérité à travers l'Europe tout entière, n'a pas refusé à *Walther Ehrenfried de Tschirnhaus*[1], homme remarquablement méritant dans les sciences, que soit offerte à sa Majesté une œuvre similaire sous le titre de Médecine de l'Esprit[2], de même ne déplaira pas à TA SÉRÉNITÉ l'œuvre par laquelle j'explique distinctement l'usage sûr des facultés de l'esprit dans la connaissance de toute vérité et l'application de toute vérité connue. Que le Divin, trois fois le Meilleur et le plus Grand, TE garde, PÈRE TRÈS BIENVEILLANT DE LA PATRIE, de sorte que, sous Ta protection, je parachève avec bonheur mon œuvre pendant de nombreuses années et qu'il Te permette de jouir très abondamment de la gloire engendrée par tant de vertus, par lesquelles Tu Te distingues parmi les princes, durant de longues années!

À TA SÉRÉNITÉ

Marbourg, Hesse,
Le 27 mars 1728

Ton très humble et très dévoué serviteur
CHRISTIAN WOLFF

---

1. La *Medicina mentis* (1687) fut dédicacée à Louis XIV par Tschirnhaus. Sur cet auteur, *cf.* notre introduction, « Des influences variées ».

2. *Médecine de l'esprit ou préceptes généraux de l'art de découvrir*, trad. fr. J.-P. Wurtz, Strasbourg, Ophrys, Université de Strasbourg, 1980.

PRÉFACE

Il est principalement jusqu'ici deux [choses] qui manquent dans toute la philosophie. Il manque l'évidence, qui seule produit un assentiment certain et immuable, et les [choses] que l'on y enseigne (*traduntur*) ne correspondent pas à l'usage de la vie. La raison de l'une et de l'autre [choses] est la même : les notions et les propositions déterminées sont bannies, sans lesquelles pourtant on ne peut ni assez comprendre, ni suffisamment prouver, ni appliquer adroitement aux cas rencontrés dans la vie les [choses] alléguées. C'est pourquoi, comme je voulais rendre la philosophie utile au genre humain, j'ai cru qu'il me fallait agir de sorte que je n'aille rien admettre sinon ce qui a été assez expliqué et suffisamment prouvé, que je réduise les vocables de notions confuses à notions distinctes et de signification vague à signification fixe, et que j'instaure des propositions déterminées que, jusqu'ici, aucun de ceux qui philosophent n'ont sues. De cette manière, non seulement il m'a été permis de séparer le vrai du faux, auquel il est couramment mêlé, et de ramener les vérités reliées entre elles à un système harmonique, mais encore on a finalement ouvert aux inventeurs l'accès aux écoles, ce que *Campanella* avait souhaité, quoique ceux qui y philosophent avec légèreté n'aient pas encore changé les mœurs que, à son époque, le perspicace et sublime philosophe critiquait déjà *.

Que personne n'attende ici de moi que je retrace les artifices abominables de certains ennemis jurés de la doctrine solide et de la vertu sans fard, par lesquels ils cherchent, encore maintenant, à ruiner mon projet, ni que je décrive leur ardeur à pervertir le sens de mes propos et à les transformer en pensées (*sententiis*) impies, ardeur dont ils ne souffrent nullement qu'on les détourne alors qu'on les a instruit de meilleures [choses] depuis longtemps. En effet, de même que l'esprit conscient de ce qui est droit rit des mensonges de la rumeur, de même les hommes intelligents et de bon sens ont depuis longtemps reconnu « que mes dogmes ne nécessitent pas de

---

* Ainsi qu'on peut assurément le lire dans les lettres à Gassendi, dans les *Œuvres de Gassendi*, Tome VI, p. 407 [1] : *Je déplore les aléas du siècle, qui, quoique très fécond en inventions de choses nouvelles, ne permet cependant pas aux inventeurs d'entrer dans les écoles ; en effet, ceux qui philosophent avec légèreté, évaluant tout, non sous la conduite de la nature, mais selon leur propre bon vouloir, y occupent les chaires depuis longtemps, et ils ont occupé les esprits* (animos) *des hommes par tant d'impostures, et ont recouvert les* [choses] *de telles nuées, qu'ils les ont fait sombrer dans un sommeil particulièrement profond et agréable aux esprits obtus, de telle sorte que, qui que ce fût qui veuille y pénétrer, soit grâce à la voix de la vérité, soit grâce à un flambeau et aux rayons lumineux du jour, aussitôt agités de colère et d'indignation, ils se déchaînent, armés, contre les obstacles à leur doux sommeil et, ayant chassé la lumière, reviennent de nouveau à leur repos infâme. C'est pourquoi il faut que nous errions au dehors, jusqu'à ce que Dieu libère notre système des ténèbres et qu'il le rende habitable à ses fidèles... Cela se produira en effet de telle sorte que les lettres finalement resplendiront, en ce qu'elles ouvriront spontanément les yeux clos et qu'elles pousseront les bergers des hommes à conduire le divin troupeau à de meilleurs pâturages.*

1. *Opera omnia*, Lyon, Anisson, 1658.

défense mais la seule attention et la seule capacité du lecteur, que mes opposants, même appuyés par des forces auxiliaires, ne tiendront pas leur position dans la bataille, et que, alors que je me tais, mes écrits parlent ». J'expose donc ces [choses] à tous ceux qui sont impatients de détenir des [choses] certaines au sujet de mes dogmes et de la manière de les enseigner (*tradendi*) que j'utilise ; je ne doute nullement qu'ils reconnaîtront sans aucune difficulté ce que, très récemment, un certain philosophe remarquable m'a avoué dans des lettres privées : « les adversaires agissent de manière tellement inique avec moi que quelqu'un le croirait à peine si la confrontation des deux œuvres ne prouvait l'iniquité ; il faudrait qu'on aveugle sans peine les Allemands quand, parmi eux, le témoignage de mes adversaires aurait un certain poids ». Ah ! une chose est sauve : tous les Allemands n'ont pas l'esprit (*ingenii*) émoussé au point de ne pas voir ce qui fait différer le bon grain de l'ivraie, et ils ne sont pas éloignés des bonnes mœurs au point de s'efforcer d'étouffer une doctrine solide et utile au genre humain. On n'a pas accueilli sans approbation les [choses] que j'ai composées en langue Allemande au sujet de la philosophie, de telle sorte qu'en l'espace de peu d'années, il a été besoin d'en renouveler plusieurs fois les éditions. D'ailleurs, plus de huit mille exemplaires de la seule Logique Allemande[1] se trouvent en partie dans les mains des savants, en partie dans celles de la jeunesse studieuse. J'ai triomphé depuis longtemps grâce aux meilleurs suffrages, et j'anticipe avec joie les fruits que portera une doctrine solide, d'une part pour l'Église, d'autre part pour l'État, et, surtout, pour le monde des lettres.

---

1. Il s'agit des *Vernünfftige Gedancken von den Kräfften des menschlichen Verstandes und ihrem richtigen Gebrauch in Erkänntniß der Wahrheit*, première édition en 1713 (*GW*I, 1).

En effet, je reconnais avec *Melanchthon* combien il est besoin pour l'État d'une doctrine parachevée et que, lorsqu'on la bannit, « tantôt par manque de jugement, tantôt parce qu'elles ne sont en mesure de ne rien expliquer expressément, on répand et défend des opinions absurdes et confuses d'où naissent de grands conflits et de grandes dissensions, et qu'il ne sera aucune fin à ces maux à moins qu'on ne rappelle la jeunesse à la vraie et solide manière d'étudier » *.

Je me suis engagé sur un long chemin lorsque j'ai fixé que chaque partie de la philosophie dont j'ai fait mention dans le discours préliminaire [devait] être éclairée par la même méthode par laquelle je mets aujourd'hui en lumière publiquement la Logique, en tant que premier volume des œuvres philosophiques. C'est pourquoi, puisque je ne peux pas même satisfaire en totalité la demande d'une jeunesse assoiffée de vérité, alors que je suis au moins six heures par jour avec elle dans la Mathématique et dans la philosophie et qu'elle désire vivement que j'enseigne encore davantage, je serais injuste envers la divine providence et le genre humain si je dépensais en vaines altercations le temps qu'[il me] reste [après] ces tâches. Ainsi, vous qui avez un esprit (*animum*) étranger à la vérité ou qui m'[est] hostile, en quelque nombre que vous soyez, persistez vivement à m'exposer au mépris, à m'outrager, à me calomnier ! Moi, qui suis confiant en la divine providence, je persisterai dans mon projet et j'aspirerai à profiter de vos outrages et de vos calomnies, qui, un jour, [auront] à orner

---

* Dans la préface aux éléments de Géométrie de *Johannes Vögelin* [1].

1. *Cf.* Philipp Melanchthon, *Elementa geometriae ex Euclide singulari prudentia collecta a Ioanne Vogelin professore mathematico in schola Viennensi*, Wittenberg, Klug, 1536.

mes œuvres en guise d'éloges, de sorte que la postérité en puisse également profiter. Les [choses] que, à l'avance, je devais dire de mon dessein, avant tout à l'usage de ceux qui l'ont le moins connu à partir de mes œuvres Allemandes, ils peuvent les tirer du discours préliminaire, dans lequel, même si je semble enseigner, je me propose cependant d'exposer mon projet et d'en rendre raison. J'ai pris soin de faire imprimer chacune des propositions en un autre caractère que pour les [choses] qui sont exposées afin de les prouver et, de la même manière, que celles qui sont ajoutées pour l'illustration, tantôt afin que la lecture de toute l'œuvre finisse par être plus aisée, tantôt afin que, sans peine, on voit quelles [choses] il faut confier à la mémoire pour une utilité future. Et si, à l'avenir, quelqu'un, cherchant matière à outrage, s'armait d'audace au point de ne pas rougir de m'imputer des [choses] étrangères à ma pensée (*mente*), le rouge lui montera au front lorsque mon projet aura été développé, et il ne sera pas besoin d'une autre défense contre les déformations de mes propos et les imputations iniques. La théorie de la Logique que j'ai donnée s'avère être conforme à la pratique des Géomètres observant la rigueur démonstrative, et je l'ai construite par des raisons dérivées en partie de la nature de l'esprit, en partie de la notion d'étant en général, insuffisamment appréciée jusqu'ici, et comme dans le discours préliminaire, je traite de la méthode philosophique, j'ai assez établi (*evici*) qu'on ne peut parvenir à une connaissance certaine des choses que par cette voie. Dans la pratique de la Logique, j'eus à donner de l'ampleur à beaucoup de [choses] afin que ceux qui appliquent leur esprit (*animum*) à cette étude voient par là avec netteté l'utilité (*utilitatem*) de la théorie, et que ceux qui sont résolus de n'apprendre que les [choses] qui, à l'avenir, leur seront utiles ne négligent pas d'en faire usage. Ceux qui utilisent ces lunettes-là verront avec beaucoup de netteté et de clarté qu'il faut corriger les disciplines qu'on enseigne dans les écoles afin de les rendre utiles, et que je m'avance sur le vrai chemin [menant à] leur correction. La vue d'ensemble de l'œuvre enseigne quelles [choses] y sont contenues, et les lemmes ajoutés à chacun des paragraphes les présentent plus distinctement. Il n'est donc pas besoin que nous dissertions ici des contenus. Ceux qui auront soin de comprendre l'œuvre de la manière que nous avons prescrite à la fin de celle-ci feront l'expérience de progrès heureux et rapides dans tout le genre des sciences et ne contesteront jamais que l'usage de la Logique leur [est] profitable dans toute la vie.

Donné [à imprimer] à Marbourg, Hesse, le 31 mars 1728.

Chapitre premier

DE LA TRIPLE CONNAISSANCE HUMAINE, HISTORIQUE, PHILOSOPHIQUE ET MATHÉMATIQUE

§ 1. *Fondement de la connaissance historique*

Nous connaissons à l'aide de nos sens les [choses] *qui sont et se produisent dans le monde matériel, et l'esprit est conscient des changements qui surviennent en lui.* Personne n'ignore ces [choses] pour peu qu'il prête attention à lui-même.

Nous apprenons en effet par les sens qu'il y a des animaux, des végétaux, des minéraux, que le Soleil se lève et se couche, qu'un homme élevé parmi les bêtes n'est nullement capable de faire usage de sa raison, que l'âme se souvient des [choses] passées et qu'il n'est nulle convoitise de ce qui est inconnu.

§ 2. *Pourquoi on ne fixe pas ici ses limites*

Nous ne recherchons pas, pour l'instant, à savoir jusqu'où le sens peut pénétrer dans la connaissance des [choses] qui sont et se produisent dans le monde matériel, ni si l'âme est consciente ou non de toutes les [choses] qui arrivent en elle.

Cette enquête appartient à un autre lieu. Il nous suffit pour l'instant qu'une connaissance (*notitiam*) acquise au moyen du sens et de l'attention à nous-mêmes ne puisse être révoquée en doute. Nous ne nous soucions pas ici de ses limites car elles ne sont d'aucune utilité en la présente affaire.

§ 3. *Définition de la connaissance historique*

La *connaissance* des [choses] qui sont et se produisent, qu'elles surviennent dans le monde matériel ou dans les substances immatérielles, nous l'appelons *historique*.

Par exemple, celui qui sait, pour en avoir fait l'expérience, que le Soleil se lève le matin et qu'il se couche le soir, que les bourgeons des arbres éclosent au début du printemps, que les animaux se perpétuent par génération et que nous ne désirons rien, si ce n'est sous le rapport du bien, a une connaissance historique.

§ 4. *Fondement de la connaissance philosophique*

Aux [*choses*] *qui sont ou se produisent ne fait pas défaut la raison à partir de laquelle on peut comprendre pourquoi elles sont ou se produisent.* La vérité de cette assertion est patente au travers d'exemples, pour peu que nous y portions l'attention suffisante et, ensuite, la pénétration requise.

Par exemple, l'arc-en-ciel n'est pas engendré si les rayons du Soleil ne tombent pas sur des gouttes d'eau opposées [à lui] conformément à une certaine loi. La pluie ne tombe pas si le ciel n'est pas couvert de nuages et s'il n'y a pas un état de l'air qui conduit à la naissance de la pluie. L'esprit ne désire aucun objet donné s'il ne l'a d'abord jugé bon. Il ne désire le bien que parce qu'il prend plaisir au bien.

§ 5. *Pourquoi on ne fixe pas les limites de la connaissance philosophique*

Je ne l'explique pas de façon plus distincte en ce lieu ni n'établis (*evinco*) l'universalité de cette assertion. Nous rechercherons cela avec plus de soin ailleurs (§ 70 *sq.* de l'*Ontol.*[1]). Il nous suffit ici qu'on n'affirme que ce qui est conforme à l'expérience et qu'on ne puisse apporter de contre-exemples de [choses] entièrement dénuées de raison. Je ne nie pas que l'on puisse apporter des exemples où la raison est cachée ; mais je nie tout du moins que se présentent des exem-ples tels qu'on ne puisse montrer avec évidence qu'aucune raison n'y est présente. Il n'est pas non plus besoin en ce lieu d'établir (*evincatur*) l'universalité de cette assertion. Il suffit que chacun doive concéder qu'il y a de nombreux cas où la vérité de l'assertion est évidente. Nous n'exigeons pas que l'on admette que nous avons vu avec netteté la raison des [choses] qui sont ou se produisent, sinon lorsque nous l'avons présentée publiquement. Il nous est donc indifférent pour le présent propos que l'universalité de cette assertion soit reconnue, qu'elle soit révoquée en doute ou qu'elle soit complètement rejetée. Nous n'assignons aucune limite à la connaissance des raisons.

§ 6. *Définition de la connaissance philosophique*

La *connaissance* de la raison des [choses] qui sont ou se produisent se nomme *philosophique*.

---

1. *Philosophia prima sive Ontologia*, première édition en 1730 (*GW* II, 3, p. 47 *sq.*).

Par exemple, celui qui est en mesure d'expliquer de manière intelligible comment le mouvement des eaux dans le lit d'un fleuve dépend de la déclivité du fond et de la pression de l'eau en amont, que les eaux situées en aval supportent, en a une connaissance philosophique. Celui qui peut enseigner comment le désir d'un objet donné est finalement né de la perception de celui-ci n'a pas moins une connaissance philosophique du désir.

§ 7. *Différence de la connaissance historique et de la connaissance philosophique*

La connaissance philosophique diffère de la connaissance historique. Celle-ci consiste en effet en la connaissance (*notitia*) nue du fait (§ 3); celle-là, en revanche, s'étant avancée plus loin, dévoile la raison du fait, de sorte que l'on comprend pourquoi quelque [chose] de cette sorte peut se produire (§ 6). Mais qui ne voit qu'intervient ici une grande différence? La connaissance (*notitia*) du seul fait et la connaissance de la raison de ce fait ne sont absolument pas la même [chose].

Par exemple, une [chose] est de savoir que l'eau coule dans le lit du fleuve, une autre est de connaître que cela se produit à cause de la déclivité du fond et de la pression que l'eau en aval supporte de celle qui est en amont. Dans la première consiste le fait, dans la seconde est contenue la raison du fait.

§ 8. *Connaissance historique de la connaissance philosophique*

Celui qui sait quelle raison d'un fait allègue autrui a une connaissance historique de la connaissance philosophique d'autrui. Celui qui sait, en effet, quelle raison d'un fait allègue autrui sait quelle est la connaissance philosophique d'autrui dans le cas donné (§ 6). La connaissance philosophique d'autrui est une question de fait. Il connaît alors le fait d'autrui, par conséquent a une connaissance historique de la connaissance philosophique d'autrui (§ 3).

Par exemple, si quelqu'un sait que selon Isaac Newton la cause du mouvement elliptique des planètes principales et des comètes autour du Soleil, et des planètes secondaires autour de leur planète principale, comme le mouvement des satellites de Jupiter autour de Jupiter, des satellites de Saturne autour de Saturne et de la Lune autour de la terre, est la force imprimée et la force de gravité par laquelle celles-là sont mues vers le centre du Soleil et celles-ci vers le centre de leurs planètes principales [1], celui-là a une connaissance historique de la connaissance philosophique de ce grand homme relativement au mouvement des planètes et des comètes. Car il connaît un fait, à savoir ce que Newton pense (*sentiat*) des causes physiques du mouvement elliptique des planètes et des comètes.

§ 9. *Quand manque la connaissance philosophique*

Si quelqu'un ne sait pas démontrer que la raison d'un fait alléguée par autrui est la raison de ce fait, la connaissance philosophique de ce fait lui fait défaut. Il sait seulement que cette raison du fait a été alléguée par autrui, mais il ignore lui-même pourquoi elle est la raison de ce fait, et il faut dire, par suite, qu'il en ignore la raison. Qui donc douterait que, dans ce cas, la connaissance philosophique lui fasse défaut (§ 6) ?

A supposer que quelqu'un sache que *Newton* a allégué que la cause du mouvement elliptique des planètes principales autour du Soleil ou bien des planètes secondaires autour de leur planète princi-

---

1. *Cf.* Isaac Newton, *Les principes mathématiques de la philosophie naturelle*, livre III, propositions-théorèmes I-VI (trad. fr. Marquise du Châtelet, Paris, Desaint & Saillant, Lambert, 1756, t. II ; Paris, Albert Blanchard, 1966, p. 11-21 ; trad. fr. Christian Scotta, Nantes, chez le traducteur, 1991, p. 88-92).

pale est la force imprimée et la gravité [mouvant] les planètes principales vers le centre du Soleil et les planètes secondaires vers leur
planète principale (§ 8, Rem.), s'il ne peut expliquer distinctement
comment un mouvement curviligne, elliptique en l'espèce, naît de la
force imprimée et de la gravitation en direction du centre du corps
autour duquel il tourne, et si, en outre, il n'est pas en mesure de démontrer que les planètes sont mises en mouvement par la force imprimée et
détournées du mouvement rectiligne par la force de gravité, on ne peut
lui attribuer la connaissance philosophique des mouvements célestes.

§ 10. *La connaissance historique est le fondement de la connaissance philosophique*

Si l'on établit par expérience les [choses] à partir
desquelles on peut rendre raison d'autres [choses] qui sont et
se produisent, ou peuvent se produire, la connaissance histo-
rique fournit le fondement de la connaissance philosophique.
La connaissance des [choses] que l'on établit par expérience
n'est qu'historique (§ 3). Mais si tu en tires la raison d'autres
[choses] qui sont et se produisent, tu bâtis sur elles une
connaissance philosophique (§ 6). Ainsi, le fondement de la
connaissance philosophique est la connaissance historique.

Si, par exemple, quelqu'un admet sur la foi d'expériences
(*experimentorum*) qu'à l'air reviennent gravité et élasticité, bien qu'il
ignore quelle cause le rend pesant et élastique, mais que de là il rende
raison de la montée de l'eau dans les pompes ainsi que de celle de l'eau
jaillissant de quelques sources artificielles, comme la fontaine de
Héron[1], celui-là n'a qu'une connaissance historique de la gravité et

---

1. Comme le rappelle J. École en *GW* II, 1.1, p. 117, « cet appareil permet
d'obtenir un jet d'eau par compression de l'air et de l'eau ». *Cf.* également
Ch. Wolff, *Mathematisches Lexicon*, première édition en 1716 (*GW* I, 11,
col. 645-646).

de l'élasticité de l'air, sur laquelle il bâtit toutefois sa connaissance philosophique de l'eau qui monte dans les pompes et qui jaillit de plusieurs sources artificielles.

§ 11. *Il faut cultiver la connaissance historique*

Il appert par là que *la connaissance historique ne doit pas être négligée par celui qui aspire à la connaissance philo-sophique, mais que l'on doit plutôt la disposer avant, voire la lui conjoindre constamment.* Puisque la connaissance histo-rique fournit en effet le fondement de la connaissance philo-sophique (§ 10), et même n'admet comme possibles que les [choses] dont on voit qu'elles sont et se produisent (§ 3), la connaissance philosophique, bâtie sur la connaissance histo-rique, s'appuie sur un fondement ferme et inébranlable. Qui donc oserait nier que celui qui aspire à la connaissance philo-sophique ne doive se soucier de ce fondement? Il faut alors disposer la connaissance historique avant la connaissance philosophique et la lui conjoindre constamment afin qu'un fondement ferme ne manque pas.

§ 12. *Usage très étendu de la connaissance historique*

Même si nous n'avons donné que des exemples physiques dans ce qui précède (§ 10, Rem.), les [choses] que nous avons introduites à l'instant (§ 11) valent néanmoins pour tout autre genre de connaissance. Dans les disciplines abstraites elles-mêmes, comme l'est la *philosophie première*, il faut dériver les notions fondamentales de l'expérience, qui fonde la connaissance historique (§ 3), et la *philosophie* tant *morale* que *civile* en tire ses principes; d'ailleurs, la *Mathématique* elle-même suppose quelque connaissance (*notitiam*) histo-rique, dont elle dérive la notion de ses objets et plusieurs axiomes. Mon propos est ici la *Mathématique pure*; la même [chose] est en effet patente avec plus d'évidence pour la Mathématique mixte. Quoique, donc, nous distinguions avec soin la connaissance historique de la connaissance philosophique (§ 3, 6) afin de ne pas confondre des [choses] qui diffèrent l'une de l'autre (§ 7), nous ne déprécions toutefois, ni ne méprisons aucunement la connaissance historique pour cela (§ 11), mais assignons à chacune sa valeur. Bien plus, le mariage des deux à travers toute la philosophie nous est sacré. Non seulement nous soutenons l'utilité de la connaissance historique pour la philosophie, mais encore nous défendons son utilité (*utilitatem*) dans la vie. Nous faisons l'expérience de l'une et de l'autre; mais tous en verront également la raison en son lieu lorsque nous disserterons de l'usage de la logique.

§ 13. *Fondement de la connaissance mathématique*

Tout ce qui est fini jouit de sa qualité déterminée. La vérité de l'assertion est patente au travers d'exemples, pourvu que nous y portions une attention suffisante. Et même la raison n'en est pas obscure. En tant que quelque [chose] est fini, il peut être augmenté et diminué. Or en tant que quelque [chose] peut être augmenté ou diminué, on a coutume de lui attribuer une quantité. C'est pourquoi il faut attribuer une quantité déterminée à toute [chose] finie en tant que telle.

Par exemple, la chaleur du Soleil à midi n'est pas la même à chaque saison de l'année en un même lieu, ni la même en des lieux de latitudes diverses à la même saison. Elle augmente petit à petit, du solstice d'hiver au solstice d'été; de la même manière, elle diminue du solstice d'été au solstice d'hiver. Ainsi, à un jour quelconque de l'année revient un degré déterminé de chaleur du Soleil à midi, lequel, soit est supérieur à la chaleur d'un autre jour d'une quantité assignable en soi, soit manque de cette chaleur (même à supposer que celui qui sait ne puisse assigner que confusément une différence de degré). Dans le lit d'un fleuve, l'eau coule avec une vitesse déterminée, laquelle diminue dans un lit artificiel moins en pente par lequel elle est conduite aux roues des moulins, et augmente en revanche lorsqu'elle se précipite en tombant sur les roues. De la même manière, une planète qui tourne autour du Soleil possède une distance déterminée au Soleil en n'importe quel point de son orbite ; la force imprimée, par laquelle elle tend à avancer tangentiellement en ce point, est d'un degré déterminé, c'est-à-dire admet une vitesse déterminée, et la force centripète, par laquelle elle est détournée du mouvement rectiligne, n'en a pas moins un degré déterminé. Il en va de la même façon dans les choses immatérielles. L'attention diffère en degré chez des hommes différents. L'attention de l'un est plus grande, celle de l'autre plus petite. L'un est en mesure de maintenir son attention en concevant et en développant une démonstration plus longue, l'attention de l'autre, en revanche, suffit seulement à en apprécier une plus brève. Qui ne sait qu'il y a des degrés différents de vertu et de vice selon la diversité des sujets ?

§ 14. *Définition de la connaissance mathématique*

La connaissance de la quantité des choses est celle que nous appelons *mathématique*.

Par exemple, a une connaissance mathématique de la chaleur du Soleil à midi celui qui en connaît la quantité en ce qu'il voit avec netteté le rapport, ou proportion, qu'a la chaleur d'un jour donné (par exemple, la chaleur du Soleil à midi au solstice d'été par rapport à la chaleur du Soleil à midi au solstice d'hiver), de sorte qu'il voit de combien, à midi, la chaleur au solstice d'été est plus grande que la chaleur au solstice d'hiver. Pareillement, a une connaissance mathématique du mouvement d'une rivière dans son lit celui qui sait comment le degré déterminé de vitesse avec laquelle l'eau coule dans son lit naît de la pente donnée du fond et de la hauteur de l'eau dans le lit. A une connaissance mathématique du mouvement d'une planète s'avançant sur son orbite celui qui est en mesure d'expliquer distinctement comment en un point donné, c'est-à-dire à une distance donnée du Soleil, la vitesse de la planète naît de la quantité de force imprimée et de force centripète, et comment la figure elliptique de l'orbite résulte de l'action de cette double force sur la planète. A une connaissance mathématique de l'attention celui qui a vu avec netteté le rapport, ou proportion, entre celle que requiert une démonstration plus longue et celle à laquelle suffit une démonstration plus brève.

§ 15. *Connaissance historique de la connaissance mathématique d'autrui*

Celui qui sait la quantité qu'autrui a assignée à une chose a une connaissance historique de la connaissance mathématique d'autrui. En effet, celui qui sait quelle quantité autrui assigne à une chose finie connaît le fait d'autrui. C'est pourquoi, puisque la connaissance du fait est la connaissance historique (§ 3), que la connaissance de la quantité est la connaissance mathématique (§ 14), celui qui sait seulement la quantité qu'autrui a assignée à une chose n'a de toute façon qu'une connaissance historique de la connaissance mathématique d'autrui.

Par exemple, *Newton* a démontré quelle est la quantité de force centripète des planètes qui tournent en ellipse autour du Soleil et quelle est leur vitesse en un point donné quelconque de l'orbite[1]. Celui qui sait la quantité de force centripète et de vitesse de la planète déterminée [par Newton] en un point donné de son orbite, c'est-à-dire à une distance donnée du Soleil, a une connaissance historique de la

---

1. *Cf.* I. Newton, *op. cit.*, livre III (trad. fr. Marquise du Châtelet, p. 1-180; trad. fr. Ch. Scotta, p. 85-123).

connaissance mathématique de *Newton* relativement au mouvement des planètes.

§ 16. *Connaissance mathématique commune à autrui* [*et à nous*]

Si quelqu'un est en mesure de démontrer la quantité qu'autrui a assignée à une chose, il en a une connaissance mathématique de la même manière qu'autrui. En effet, celui qui est en mesure de démontrer la quantité d'une chose connaît que celle-ci est la quantité de cette chose, partant, il a une connaissance mathématique de la chose (§ 14). Quoique autrui ait alors le premier assigné cette quantité et, par là, ait eu antérieurement la connaissance mathématique de la chose (*ibid.*), la connaissance de celui qui vient après n'est toutefois pas changée pour autant. On tire la différence de ce qui est intrinsèque (§ 17) à la chose, et non d'un principe extrinsèque.

Par exemple, si quelqu'un peut démontrer la quantité de force centripète d'une planète tournant en ellipse autour du Soleil à une distance donnée de celui-ci et sa vitesse en celle-ci, que cette démonstration soit la même que celle de *Newton* ou qu'elle en diffère, il a, de la même manière que *Newton*, une connaissance mathématique du mouvement elliptique des planètes. En effet, que *Newton* ait eu le premier cette connaissance ne change rien à celle-ci.

§ 17. *Différence de la connaissance mathématique par rapport aux connaissances philosophique et historique*

Quoi qu'il en soit, la connaissance mathématique diffère néanmoins tant de la connaissance historique que de la connaissance philosophique. Car la connaissance historique se contente de la connaissance (*notitia*) nue du fait (§ 3), dans la connaissance philosophique, nous rendons raison des [choses] qui sont ou peuvent être (§ 6), dans la connaissance mathématique enfin, nous déterminons les quantités qui sont inhérentes aux choses (§ 14). Au vrai, une [chose] est de savoir le fait, une autre de voir avec netteté la raison du fait, une autre enfin de déterminer la quantité des choses.

Des exemples témoignent au grand jour de cette différence. Celui qui sait que la chaleur du Soleil à midi tantôt croît, tantôt décroît à nouveau, en a une connaissance historique. Celui qui sait qu'un degré plus grand de chaleur dépend d'une plus grande densité de rayons qui frappent un même plan et d'un angle d'incidence moins oblique, celui-là excelle dans la connaissance philosophique. Enfin celui qui est en mesure de déterminer la densité des rayons et la grandeur de l'angle d'incidence, et, de là, le degré de chaleur, celui-là dispose de la connaissance mathématique. Il est limpide par soi que la détermination de la densité des rayons, de la grandeur de l'angle d'incidence et du degré de chaleur qui en dépend est différente de la simple connaissance (*notitia*) selon laquelle la chaleur du Soleil à midi est plus grande à un moment et plus petite à un autre. Il n'est pas moins patent que cette détermination diffère de la connaissance de la cause de la plus ou moins grande chaleur. La même [chose] appert des autres exemples que nous avons apportés dans ce qui précède.

§ 18. *Utilité de la connaissance historique et philosophique pour la connaissance mathématique*

C'est parfois la connaissance historique, parfois la connaissance philosophique, qui fournit son fondement à la connaissance mathématique. Des exemples corroborent cette question de fait, et point n'est besoin de rechercher ici pourquoi cela peut se produire et quand prévaut ceci ou cela.

Assurément, les *Opticiens* qui, dans la *Catoptrique*[1], veulent enseigner (*tradituri*) la connaissance mathématique de la vision réfléchie qui se produit à l'aide de miroirs, disposent en guise de fondement, en tant qu'axiomes, des propositions, dérivées d'observations, sur la manière dont la réflexion [se fait] et sur le lieu de l'image, à savoir que l'angle de réflexion est égal à l'angle d'incidence et que le lieu de l'image est au [point de] concours du rayon réfléchi et de la perpendiculaire d'incidence. Trop peu cependant s'inquiètent [de savoir] pourquoi l'angle de réflexion est égal à l'angle d'incidence et pourquoi l'image apparaît au point d'intersection de la perpendiculaire d'incidence et de la ligne du rayon réfléchi. Les astronomes tirent d'observations la connaissance mathématique des mouvements célestes, tenant pour superflues leurs causes physiques. *Galilée*, qui voulait fonder la théorie mathématique du mouvement des graves, ne prêtait pas attention à la cause de leur mouvement et se contentait de ce que la cause de la gravité, quelle qu'elle pût être en définitive, agît de la même manière sur le grave quelle que soit sa distance au centre de la terre[2]. Assurément, celui qui s'est résolu à établir la connaissance mathématique de la chaleur variable du Soleil à midi doit avoir auparavant vu avec netteté ses causes (§ 17, Rem.). J'ai enseigné, dans mes Éléments d'Aérométrie[3], comment on applique la mathématique aux expériences (*experimenta*), les causes physiques n'étant pas

1. Cf. *Cours de mathématique, qui contient toutes les parties de cette science, mises à la portée des commençans*, par M. Chrétien Wolff, trad. D***, de la Congrégation de Saint Maur (en fait : Antoine-Joseph Pernetty et Jean-François de Brézillac, d'après Barbier), Paris, Jombert, 1747, tome second, p. 27 : « La *Catoptrique* est la Science des choses visibles, en tant que vûes par le moyen des miroirs ». La page de titre indique que la présente œuvre a « augmenté considérablement » le cours d'origine.

2. *Cf.* Galileo Galilée, *Discours et démonstrations mathématiques concernant deux sciences nouvelles*, intro., trad. fr., notes et index M. Clavelin, Paris, PUF, 1995, troisième et quatrième journées, p. 123-244.

3. *Aerometria elementa, in quibus aliquot aeris vires ac proprietates juxta methodum geometrarum demonstrantur*, 1709 (*GW* II, 37).

encore connues, et comment on démontre que les effets sont proportionnels à la force des causes. Des exemples de l'un et de l'autre s'y rencontrent donc.

§ 19. *Connaissance historique des vérités mathématiques*

Il y a aussi une connaissance historique des vérités mathématiques. De fait, on peut également enseigner par des expériences (*experimenta*) que les [choses] démontrées par des principes mathématiques, notamment dans la Mathématique mixte, sont ainsi. Par conséquent, ceux qui, en en faisant l'expérience, apprennent la vérité de théorèmes mathématiques s'en procurent alors une connaissance (*notitiam*) historique certaine (§ 3), bien que, ignorant les démonstrations, la connaissance mathématique leur fasse défaut (§ 16).

Dans la Mathématique pure correspondent à ces expériences (*experimentis*) des exemples numériques par lesquels on illustre les théorèmes et les examens mécaniques des figures construites selon l'hypothèse desdits théorèmes. Ceux qui, en effet, négligeant les démonstrations, se contentent de ces examens n'acquièrent qu'une connaissance historique des vérités mathématiques.

§ 20. *Fondement de la connaissance historique cachée*

Les faits de la nature sont souvent cachés, de sorte qu'ils ne s'offrent pas de leur propre mouvement à celui qui y prête attention. Ceux qui se sont occupés des sciences au point de ne devoir se contenter que d'une connaissance certaine et de prêter attention à la façon dont les principes sont établis n'ignorent pas la vérité de cette assertion.

Par exemple, c'est un fait de la nature que la lumière solaire est composée de rayons, ou lumières, hétérogènes. Mais ce fait est des plus cachés. Il ne s'offre pas de son propre mouvement à celui qui contemple la lumière solaire, ni n'est reconnu sans hésitation lorsqu'on le produit en plein jour par une expérience (*experimentum*). Assurément, c'est à partir des circonstances de l'expérience (*experimenti*) par laquelle la [chose] se présente comme perceptible à la vue qu'il faut démontrer que la lumière du Soleil est composée. Il faut établir (*evincendum*) par des démonstrations spéciales que les lumières qui la composent ne sont pas moins simples qu'hétérogènes ; en la matière, il est besoin de plusieurs expériences (*experimentis*) et, pour qu'on puisse en inférer avec évidence ce qui devait être prouvé, d'autres connaissances (*notitiis*), tant mathématiques qu'historiques et philosophiques. Ces [choses] sont patentes à partir de l'Optique de *Newton* qui nous a révélé ce fait secret de la nature [1]. Elles sont patentes à travers toute la philosophie expérimentale, et, en la matière, pour nous, l'Astronomie a également répandu quelque lumière. On ne verra pas moins en son temps que des exemples s'en rencontrent aussi dans la Psychologie et la philosophie morale.

§ 21. *Division de la connaissance historique en connaissances commune et cachée*

Puisque certains faits de la nature sont donc cachés (§ 20) et d'autres patents (§ 1), de sorte qu'on reconnaît ceux-ci par la seule attention, même s'il est souvent besoin d'une certaine pénétration, et qu'on ne reconnaît ceux-là (qu'on doit produire en plein jour par des artifices singuliers) que lorsque, une fois produits en plein jour, la raison porte secours aux sens, nous distinguons entre connaissances historiques commune et cachée. *La connaissance historique commune* est la connaissance des faits de la nature, même rationnelle, qui sont patents,

---

1. *Cf.* I. Newton, *Optique*, trad. fr. J.-P. Marat (1787), textes de Françoise Balibar et Michel Blay, Paris, Christian Bourgois, 1989, livre I, partie I, propositions 2-4, p. 56-89.

et *la connaissance historique cachée* est la connaissance des faits de la nature, même rationnelle, qui sont cachés.

J'ajoute le mot *rationnel* pour que l'on comprenne qu'ici on rapporte aussi aux faits de la nature les [choses] qui surviennent dans les substances immatérielles finies, comme [le sont] nos esprits, et qui ne sont pas moins objets de la connaissance historique que les [choses] qui arrivent dans le monde matériel (§ 3). Pour des exemples de la connaissance commune, voir § 3, et pour la connaissance cachée, voir § 20.

§ 22. *Plus bas degré de la connaissance*

La connaissance historique commune est le plus bas degré de la connaissance humaine. En effet, la connaissance historique s'accomplit à l'aide des sens en prêtant attention aux [choses] qui sont en acte ou se produisent (§ 1, 3). Elle ne présuppose donc pas d'autres [choses] connues à partir desquelles, comme par des prémisses, elle devrait être précisément déduite par de grands détours de raisonnements. Et, par là, il n'y a dans la connaissance aucun degré inférieur à la connaissance historique commune.

§ 23. *Pourquoi la connaissance vulgaire n'est qu'historique*

De là est patente la raison pour laquelle *la connaissance du vulgaire et celle que nous utilisons dans la vie ne sont la plupart du temps qu'historiques.* En effet, nous nous contentons d'abord couramment des [choses] que nous apprenons à l'aide des sens. Et, quand bien même nous reconnaîtrions les causes et les raisons des choses parce qu'elles se présenteraient ouvertement au sens, nous ne percevrions pourtant pas distinctement comment l'une peut être la cause de l'autre ou comment pour telle raison ceci ou cela se produit. Des exemples confirment ce qui a été dit.

Par exemple, chacun sait que l'eau que l'on met sur le feu bout, parce qu'il a vu plus d'une fois que cela se produit. Toutefois, il ignore la raison pour laquelle l'eau bout; presque personne d'ailleurs n'y pense même jamais. Donc bien que la chaleur du feu soit la cause de cette ébullition, la connaissance du vulgaire n'est qu'historique, laquelle, bien sûr, consiste seulement en ce que quelque effet naît de la conjonction de deux choses et manque d'une explication distincte de la manière dont l'effet en peut naître, de sorte qu'il n'est alors pas la moindre connaissance philosophique à sa base (§ 3, 6).

§ 24. *Réduction de la connaissance historique cachée à la connaissance commune*

L'art réduit très souvent la connaissance historique cachée à sa forme commune. Les opérations de l'art, de même que les expériences (*experimenta*), produisent très souvent en plein jour des faits de la nature qui, autrement, [restent] cachés. C'est pourquoi, puisqu'il revient au même pour celui qui connaît que ce soit la nature qui offre certaines [choses] au sens ou que ce soit l'art qui lui présente les [choses] qui, autrement, lui échappent, il parvient à la connaissance historique cachée de même qu'à la connaissance commune lorsque l'art lui porte secours et que la seule attention, s'il en est besoin, est accompagnée de pénétration (§ 1, 4). On réduit alors la connaissance cachée à la connaissance commune par l'office de l'art.

Par exemple, l'art de fondre les métaux exhibe aux regards les propriétés et les effets cachés du feu, de même que des expériences (*experimenta*) instituées à l'aide de la pompe à air révèlent les propriétés et les effets cachés de l'air. *Emmanuel Swedenborg*, assesseur du Collège des Métaux en Suède, en a donné des exemples dans ses *Nouvelles* [*choses*] *observées quant au fer et au feu*[1], et dans la quatrième partie de ses *Observations variées quant aux choses naturelles*[2], p. 36 *sq*. Selon ce même auteur, dans ses [*Choses*] *observées*, p. 8 et 10, la chaleur se conserve dans les charbons pendant 10 à 12 jours, bien qu'ils soient recouverts de tous les côtés, et que la masse des charbons diminue à son dixième pendant ce temps par [l'effet de] la chaleur, même si aucune étincelle de feu n'apparaît en eux ; dans un foyer ouvert, en revanche, le feu et la flamme qui occupent la surface jaillissent comme de leur propre mouvement sur les charbons au bout d'un quart d'heure ou d'une demi-heure ; qui plus est, tel charbon qui n'était pas bien embrasé quoiqu'il se tînt seul, en suspens dans la fissure d'un mur, a commencé à brûler au contact de l'air libre ; la flamme était des plus éphémères et léchait quasiment de tous côtés la surface du charbon, sans qu'aucune étincelle n'apparaisse dans le charbon.

§ 25. *Utilité* (utilitas) *des phénomènes rencontrés dans l'art*

Il s'ensuit dès lors qu'*il sera utile, pour philosopher, de rassembler et de décrire avec précision les phénomènes rencontrés dans les ateliers des artisans et ailleurs dans l'art* (par exemple dans l'économie rurale). En effet, ils constituent une partie de la connaissance historique cachée (§ 21) qu'il n'est pas permis d'obtenir sans l'aide du sens (§ 24). Ils fournissent donc à la connaissance philosophique un fondement, qui autrement ferait défaut (§ 10).

1. *Nova observata et inventa circa ferrum et ignem. Et precipue circa naturam ignis elementarem; una cum nova camini inventione,* Amsterdam, Strander, 1727.
2. *Pars quarta miscellanearum observationum circa res naturales et praecipue circa mineralia, ferrum, et stallacticas in cavernis Baumannianis etc.,* Schiffbeck bey Hamburg, Holl, 1722.

§ 26. *La connaissance historique confirme la connaissance philosophique*

Si quelqu'un a reconnu par la raison que quelque [chose] *peut se produire et qu'il observe par le fait et l'expérience* (experimento) *que cela se produit, il confirme la connaissance philosophique par la connaissance historique.* Celui qui reconnaît par la raison que quelque [chose] peut se produire a une connaissance philosophique (§ 6), et celui qui observe que cela se produit a une connaissance historique (§ 3). Et si donc il observe que se produit ce que, par la raison, il a reconnu pouvoir se produire, la connaissance historique conspire avec la connaissance philosophique. Ainsi, puisque l'on ne peut douter que peuvent se produire les [choses] dont on observe qu'elles se produisent en acte, et que, partant, on a posé la connaissance historique hors de tout risque de doute, il est évident que la connaissance philosophique est confirmée par la connaissance historique.

De là est patente une raison pour laquelle nous avons constamment à conjoindre la connaissance historique à la connaissance philosophique (§ 12), même si elle n'est pas unique, puisque nous en avons déjà apporté une autre plus haut (§ 11).

§ 27. *La connaissance mathématique rend certaine la connaissance philosophique*

Si l'on démontre que la quantité de l'effet [est] *proportionnelle aux forces de la cause, la connaissance philosophique puise une certitude complète dans la connaissance mathématique.* Qui démontre que la quantité de l'effet est proportionnelle aux forces de la cause en a une connaissance mathématique (§ 14), et qui reconnaît la cause de l'effet en a une connaissance philosophique (§ 6). C'est pourquoi, si l'on peut démontrer que la quantité de l'effet n'excède pas les forces de la cause à laquelle nous l'attribuons, la connaissance mathématique conspire avec la connaissance philosophique. Or, puisqu'on ne peut voir avec plus d'évidence qu'un effet résulte de quelque cause que lorsqu'on voit que sa quantité est égale aux forces de la cause, la connaissance philosophique acquiert une certitude complète à partir de la connaissance mathématique.

Dans la préface aux Éléments d'Aérométrie [1] que j'ai publiés pour la première fois en 1709, j'ai déjà rappelé que la certitude de la connaissance physique dépend au plus haut point de la connaissance mathématique, et, pour en donner un témoignage visible, j'ai rédigé ces mêmes éléments pour complaire aux Physiciens disposés à appliquer les mathématiques aux expériences (*experimenta*), et je les ai ensuite insérés dans l'Hydraulique des éléments de la Mathématique tout entière [2] vu leur usage, qui n'est pas à mépriser.

§ 28. *Sa conjonction avec la connaissance philosophique*

Il s'ensuit dès lors que lorsque tu aspires à la plus haute certitude qu'il y ait, il te faut conjoindre la connaissance mathématique à la connaissance philosophique.

Pour cette raison, nous aussi, nous accordons partout une place à la connaissance mathématique dans la philosophie, même si nous la distinguons de la connaissance philosophique (§ 17); en effet, rien ne nous est plus précieux que la certitude.

---

1. Cf. *op. cit.*, *GW* II, 37, dernière page de la préface.
2. Cf. *Elementa matheseos universae,* première édition en 1713-1715, vol. II (*GW* II, 30, p. 353-419). *Cf.* également son adaptation française, *op. cit.*, t. I, 1747, p. 368-387.

Chapitre II

DE LA PHILOSOPHIE EN GÉNÉRAL

§ 29. *Définition de la philosophie*

La *philosophie* est la science des possibles en tant qu'ils peuvent être.

J'ai découvert cette définition de la philosophie en 1703 lorsque j'ai appliqué mon esprit (*animum*) à enseigner (*tradendam*) la philosophie dans des cours privés à l'Université de Leipzig. Je l'ai communiquée au début de l'année 1705 à *Caspar Neumann*[1], Inspecteur des Églises et des Écoles de Breslau se réclamant de la Confession d'Augsbourg, homme de jugement aiguisé, et je l'ai défendue dans des lettres privées contre certaines de ses objections. Enfin, je l'ai mise en lumière publiquement en 1709, dans la préface aux Éléments d'Aérométrie[2], dont je parlai à l'instant (§ 27, Rem.). Ces [choses]-là, je les allègue afin qu'apparaisse comment j'avais conçu en mon esprit (*animo*) la notion de la philosophie lorsque, pour la première fois, j'avais pensé à l'enseigner (*tradenda*) selon une méthode plus précise;

---

1. Sur ce personnage important dans le parcours de Wolff, *cf.* le chapitre « Des influences variées » de notre introduction.

2. Cf. *op. cit.*, *GW* II, 37, deux premières pages de la préface.

en effet, c'est vers elle que, à tout moment, j'ai dirigé toutes mes pensées au sujet de la philosophie.

§ 30. *Définition de la Science*

Par *Science*, j'entends ici l'habileté à démontrer des assertions, c'est-à-dire à les inférer par une conséquence légitime à partir de principes certains et immuables.

Nous enseignons dans la logique ce que sont des principes certains et immuables, ce qu'est une conséquence légitime et comment ceux-là sont fixés ; par là, ou de là, sa nécessité pour philosopher est patente. Quoique nous respections ici aussi les lois de la méthode autant qu'il est permis, il ne peut se produire, dans un discours préliminaire, que l'on explique suffisamment tous les termes ni que l'on prouve suffisamment chaque assertion.

§ 31. *La philosophie rend raison de ce pourquoi quelque [chose] peut se produire*

Il faut, en philosophie, rendre raison de ce pourquoi des possibles peuvent acquérir l'acte. En effet, la philosophie est la science des possibles en tant qu'ils peuvent être (§ 29). C'est pourquoi, puisque la science est l'habileté à démontrer des assertions (§ 30), il faut démontrer en philosophie pourquoi des possibles sont à même d'acquérir l'acte. Assurément, celui qui démontre pourquoi quelque [chose] peut se produire rend raison de ce pourquoi cela est à même de se produire ; en effet, une raison est ce à partir de quoi on comprend pourquoi quelque [chose] d'autre est. Ainsi, il faut, en philosophie, rendre raison de la manière dont se produisent en acte les [choses] qui peuvent se produire.

§ 32. *Et rend même raison de ce pourquoi une [chose] se produit plutôt qu'une autre*

S'il est donc *plusieurs [choses], dont chacune est possible de la même manière que les autres, la philosophie doit enseigner pourquoi celle-ci se produit ou doit se produire plutôt que les autres.* Car si plusieurs [choses] sont possibles, qui, cependant, ne peuvent pas être en même temps, il est nécessaire de donner la raison pour laquelle une [chose] se produit plutôt qu'une autre (§ 4). Ainsi, la philosophie, rendant raison des [choses] qui sont ou se produisent (§ 31), doit enseigner quelle est la raison pour laquelle, dans quelque cas donné, une [chose] se produit plutôt qu'une autre.

Par exemple, il peut se produire que le désir d'un homme le porte à haïr un ennemi, ou alors à l'aimer. Donc, puisque la raison pour laquelle il est porté à haïr l'ennemi plutôt qu'à l'aimer doit être une [chose], et que celle pour laquelle l'amour l'emporte sur la haine doit en être une autre, on doit enseigner en philosophie la raison pour laquelle un homme poursuit de sa haine un autre, son ennemi, et, de même, il faut rendre raison de ce pourquoi il l'entoure de son amour.

§ 33. *Elle aspire à la certitude complète*

Il faut, en philosophie, aspirer à la certitude complète. Puisque, en effet, la philosophie est une science (§ 29), il faut y démontrer les assertions en inférant les conclusions à partir de principes certains et immuables par une conséquence légitime (§ 30). Or, les [choses] inférées à partir de principes certains et immuables par une conséquence légitime sont certaines au point qu'il n'est pas permis d'en douter, ce qu'on verra en son lieu. Nul doute alors que, en philosophie, une fois posé ce que doit être une science, il faille aspirer à la certitude complète.

§ 34. *Moyens d'obtenir la certitude*

En philosophie, il faut donc dériver les principes de l'expérience, confirmer les [choses] démontrées par des expériences (experimentis) *et des observations, et en même temps appliquer ses efforts à la connaissance mathématique.* En effet, puisqu'en philosophie nous aspirons à acquérir la certitude complète (§ 33), que les [choses] dérivées de l'expérience fournissent un principe ferme à la vérité à démontrer (§ 11), que la certitude des [choses] que l'on a démontrées est rendue immuable par des expériences (*experimenta*) et des observations de sorte que leur vérité est posée hors de tout risque de doute (§ 26), et, enfin, que, dans la plupart des cas, la certitude complète dépend de démonstrations mathématiques, c'est-à-dire de la connaissance mathématique (§ 27), qui oserait nier qu'on doive produire en philosophie ces [choses]-là, par lesquelles la vérité est placée en plein jour de sorte que ne puisse subsister pour nous aucun doute à son sujet ?

§ 35. *Limites des connaissances historique et mathématique en philosophie*

Est dès lors patent jusqu'où *il faut admettre en philosophie les connaissances historique et mathématique*, à savoir *en tant que la connaissance historique fournit des principes fermes et immuables et des épreuves décisives, et que la connaissance mathématique parfait l'évidence.* Car on ne peut admettre les connaissances historique et mathématique en philosophie qu'en tant qu'elles viennent en aide à la connaissance philosophique ; sans quoi, en effet, elles y seraient admises sans raison. Au vrai, en tant que toutes deux viennent en aide à la connaissance philosophique, la philosophie ne peut en être dénuée, si on doit vraiment respecter le nom de science (§ 29).

Ainsi, les limites des connaissances historique et mathématique en philosophie sont, de cette manière, droitement fixées. Et si, à ce qui a été dit, quelque obscurité paraît encore s'attacher, les exemples apportés ci-dessus (§ 10, 13) la dissiperont.

§ 36. *Quand les connaissances historique et mathématique ne perturbent pas la liaison en philosophie*

Et si l'on fixe les limites de la manière susdite, les connaissances historique et mathématique ne perturbent pas la liaison des vérités en philosophie. Puisqu'en philosophie, on doit démontrer une vérité à partir d'une autre (§ 30), on doit assembler toutes les [choses] que l'on y enseigne (*traduntur*) selon une liaison continue. Et si les limites sont fixées de la manière susdite, 1) la connaissance historique fournit des principes fermes et immuables (§ 35). C'est pourquoi, puisque, à partir de là, la raison des autres [choses] est donnée (§ 10), ces autres [choses] sont liées à ces principes, et par là, dans ce cas, la connaissance historique ne perturbe pas la liaison en philosophie. 2) Pour la même raison, la connaissance historique procure les épreuves par lesquelles on décide que les [choses] que l'on a démontrées par des raisons ne sont pas étrangères à la vérité (§ 35). C'est pourquoi, puisque ces épreuves sont non seulement liées aux propositions dont elles confirment la vérité de la même manière que leurs démonstrations leur sont reliées, mais qu'elles sont encore tirées de vérités qu'il faut remettre sur le métier et qu'elles s'accordent avec les [choses] démontrées, elles sont assurément liées de nombreuses façons avec celles-ci, par conséquent, dans ce cas, la connaissance historique ne perturbe pas la liaison en philosophie. 3) Enfin, si on fixe les limites de la manière susdite, la connaissance mathématique parfait l'évidence (§ 35), partant démontre plus clairement les [choses] à propos desquelles quelque doute aurait encore pu se former (§ 27). Une démonstration plus féconde et plus poussée ne perturbe pas, au vrai, la liaison des vérités, mais les assemble plus fermement et les relie davantage aux autres. C'est pourquoi, dans ce cas, la connaissance mathématique n'empêche pas qu'en philosophie toutes les [choses] ne soient liées entre elles par la liaison la plus belle.

Lorsque j'ai soutenu que les démonstrations mathématiques augmentaient le nombre des vérités enchaînées entre elles en philosophie, il fallait penser non seulement aux vérités que l'on ajoute aux autres par des démonstrations mathématiques, comme par exemple dans le cas donné où l'effet, assigné à quelque cause, lui est proportionnel (§ 27), mais aussi à d'autres vérités philosophiques, tirées de vérités démontrées mathématiquement, de sorte que, sans ces dernières, elles n'entreraient pas dans la chaîne des vérités philosophiques, quand même elles devraient être ramenées à ce genre. En effet, il est des [choses] dans la nature (*natura rerum*) dont on ne voit avec netteté la raison que lorsqu'on les démontre mathématiquement, parce qu'elles dépendent d'une certaine figure ou quantité déterminées de sorte qu'elles seraient autres si on admettait dans le cas donné une autre figure ou une quantité plus grande ou plus petite. Par exemple, il revient au philosophe de rendre raison de ce pourquoi les abeilles construisent des cellules hexagonales plutôt que d'une autre figure dans leurs rayons de miel. Assurément, s'il doit accomplir toutes les parties de sa fonction, il n'a pas moins besoin de la connaissance mathématique que de l'historique et de la philosophique quand il veut démontrer que, parmi toutes les figures possibles dans un cas donné, la plus convenable de toutes est choisie. Les démonstrations de cette sorte ont une grande importance en philosophie.

§ 37. *Qu'il y a une philosophie*

Au vrai, il n'est pas à craindre qu'il faille compter la philosophie, telle que nous la définissons, au nombre des [choses] impossibles, partant, que soient vaines les [choses]

(§ 31 *sq.*) que nous avons démontrées à son sujet. Quoi qu'il en soit, la philosophie est au nombre des [choses] qui ne sont pas impossibles. De fait, puisque, aux [choses] qui sont ou se produisent, ne fait pas défaut la raison à partir de laquelle on comprend pourquoi elles sont ou se produisent (§ 4), telle science n'est pas impossible, qui expose la raison pour laquelle les [choses] qui sont et se produisent peuvent être et se produire, et pourquoi dans quelque cas donné ceci se produit plutôt qu'autre [chose]. C'est pourquoi, puisque cette science est la philosophie (§ 31, 32), il est patent que la philosophie est au nombre des [choses] qui ne sont pas impossibles. On montre la même [chose] plus brièvement de cette façon : il y a une connaissance philosophique qui est celle de la raison des [choses] qui sont ou se produisent (§ 6). [Est] donc aussi possible la philosophie, qui nous rend maîtres de cette connaissance (§ 31, 32).

Au vrai, de même que, plus haut (§ 5), nous n'avons nullement tenu pour judicieux de nous engager dans une querelle pour ce [qui est de savoir] si toutes les [choses] qui se produisent ont une raison par laquelle on peut comprendre pourquoi elles se produisent, il n'est pas ici dans notre intention de disputer [pour savoir] si l'on peut ramener tous les possibles à la philosophie. Il faut en effet en venir à la présente affaire. Il faut s'enquérir des raisons des [choses] que nous connaissons pouvoir être ou se produire. Les [choses] dont on a découvert (*inventa*) la raison, il faut les ramener à la philosophie ; les autres en sont bannies à juste titre aussi longtemps que l'on en ignore la raison (§ 31, 32). Toutefois, c'est en vain que l'on dispute [pour savoir] si elles ont aussi une raison. En effet, si on la découvre, il n'y a pas lieu d'en douter ; mais aussi longtemps qu'on l'ignore, il nous est bien indifférent [de savoir] si une raison est présente ou non. Dans l'un et l'autre cas, nous gardons, en philosophie, le silence sur cette affaire.

§ 38. *Qu'elle est en notre pouvoir*

Il peut également se produire que nous nous rendions maîtres de la philosophie, telle que nous l'avons définie plus haut (§ 29). En effet, il est patent par le fait même que nous pouvons, non sans succès, explorer les raisons des [choses] qui sont et se produisent. Qu'on en juge lorsque nous aurons enseigné (*tradiderimus*) la philosophie. Toutefois, celui qui est en mesure de démontrer les raisons des [choses] qui sont et se produisent sait la philosophie, telle que nous l'avons définie plus haut, à fond (§ 31, 32). Il peut alors se produire que nous nous rendions maîtres de la philosophie.

Nous ne disputons pas [pour savoir] combien de progrès un homme est à même de faire en philosophie. Toute cette dispute est vaine. De nouveau, il faut en venir à la présente affaire. Le succès enseignera à chacun ce que ses épaules sont en mesure de porter et ce qu'elles refusent de porter. Et si les philosophes imitent les Mathématiciens en enseignant (*tradant*) selon une méthode précise les [choses] qui ont déjà été découvertes, et que, avançant continûment plus loin, ils travaillent à construire de nombreuses vérités sur celles-ci, la philosophie, de même que la Mathématique, connaîtra chaque jour de nouvelles avancées. Nous démontrerons assurément en son lieu qu'il y a une raison pour laquelle sont ou se produisent toutes les [choses] qui sont et se produisent, et que l'homme a les facultés pour explorer cette raison et pour avancer chaque jour plus loin dans cette science. Mais une démonstration de cette sorte, qui emprunte de bien nombreux principes à la Logique, à l'Ontologie et à la Psychologie, répugne [à se trouver] au commencement de la philosophie.

§ 39. *Philosophie du droit, de la Médecine et des arts*

La philosophie du droit, de la Médecine et des arts quels qu'ils soient est aussi possible. Car 1) en Jurisprudence, on enseigne les lois. Il y a des raisons pour lesquelles il faut, dans un État, présenter ces lois-ci plutôt que celles-là. Il est donc une certaine science qui explique ces raisons, par conséquent une philosophie du droit (§ 31, 32). 2) En Médecine, on s'occupe de la santé, des maladies, des [choses] qui conservent la santé et des remèdes aux maladies. Mais il y a des raisons à la santé et aux maladies, et la raison pour laquelle ces médicaments-ci ou ceux-là conservent la santé, et ceux-ci ou ceux-là guérissent la maladie, ne manque pas. Ainsi n'[est] pas impossible une science exposant ces raisons, par conséquent une philosophie de l'art de la Médecine. 3) Dans quelque autre art que ce soit ne manquent pas les raisons des [choses] qui s'y produisent. De la même manière, il est par là patent que n'est pas impossible une philosophie des arts, quels qu'ils soient.

Par exemple, fendre le bois compte parmi les arts manuels les plus ordinaires. Mais il y a une raison pour laquelle on peut fendre le bois et pour laquelle cela est à même de se produire avec un coin ou encore, souvent, avec une hache. On peut démontrer mathématiquement les forces du coin et l'angle par lequel il est enfoncé. Il y a donc une connaissance philosophique et mathématique de cet art ordinaire (§ 6, 14), à laquelle la philosophie puise une certitude complète (§ 27). Nul doute alors qu'on doive la ramener à la philosophie (§ 31). Certes, ceux qui ont appliqué leur esprit à la philosophie ont jusqu'ici peu philosophé sur les arts. Cependant, nous n'avons pas affaire désormais à ce qui a coutume de se produire couramment, mais plutôt à ce qui doit se produire. Au vrai, de même que nous avons défendu plus haut (§ 24) que l'art porte secours à ceux qui philosophent, nous n'hésitons pas ici à soutenir qu'une grande utilité (*utilitas*) rejaillirait de la philosophie des arts sur ces arts mêmes, si toutefois elle était mise en avant dans ses usages publics. Ces [choses] seront patentes à partir de ce que nous allons bientôt démontrer au sujet de l'utilité (*utilitate*) de la connaissance philosophique en général.

§ 40. *Les œuvres de l'art relèvent de la philosophie*

Les œuvres de l'art elles-mêmes admettent la connais-
sance philosophique. De fait, leurs raisons ne leur font pas
défaut, ce que nous constatons par le fait même. C'est
pourquoi, de la même manière que précédemment (§ 39), on
tire la conclusion que les œuvres de l'art elles-mêmes sont
ramenées à la philosophie.

Par exemple, les édifices sont des œuvres de l'art. Or, il y a une
science qui expose les raisons de toutes les [choses] qu'il faut
déterminer dans les édifices. Et celle-ci est *l'Architecture civile*, si on
l'enseigne (*tradatur*) non à la façon d'un art, comme cela a coutume
de se produire couramment, mais à la façon d'une science, comme
nous l'avons fait dans les Éléments de la Mathématique tout entière [1].

§ 41. *L'application de la connaissance philosophique [est]*
 plus certaine que celle de la connaissance historique

Quand est nôtre la connaissance philosophique des
[choses], nous les appliquons aux cas rencontrés dans la vie
humaine avec un succès plus certain que lorsque nous n'en
avons qu'une connaissance historique. Quoi que l'on prédique de quelque étant, cela ne lui convient qu'à une certaine
condition, que l'on tire cette condition soit de la définition, soit
d'autre [chose], ce que l'on démontrera dans la Logique
indépendamment de ces [choses]-ci. Celui qui dispose de
la connaissance philosophique sait la raison pour laquelle
quelque [chose] est ou se produit (§ 6), par conséquent, il voit
avec netteté la condition à laquelle on énonce quelque [chose]
au sujet de quelque étant, partant, il n'attribue le prédicat à un

---

1. Cf. *op. cit.*, vol. IV, *GW* II, 32, p. 383-488. *Cf.* également l'adaptation
française, *op. cit.*, t. III, 1747, p. 211-326.

étant rencontré que lorsqu'il voit avec netteté que cette condition [est] présente. Nous ne nous fourvoyons donc pas dans
l'application des [choses] dont la connaissance philosophique
est nôtre. Assurément, quand nous avons au moins la connaissance historique, soit nous ne prêtons pas du tout attention à
cette condition, soit, du moins, ne la voyons pas avec netteté en
son entier, puisque, de cette manière, nous voyons du moins
que quelques [choses] peuvent être ou se produire, mais en
aucune manière pourquoi elles sont à même de se produire ou
d'être (§ 7). Très souvent, alors, a coutume de se produire que,
dans les cas rencontrés dans la vie humaine, nous attribuions
quelque [chose] à quelque étant, tandis que manque la condition à laquelle cela lui revient, en conséquence de quoi cela ne
lui revient nullement. Nous nous fourvoyons donc plus
souvent dans l'application des [choses] pour lesquelles la
connaissance philosophique nous fait défaut. Ainsi, le succès
dans l'application de la connaissance philosophique est plus
certain que celui de l'application de la connaissance historique.

L'expérience quotidienne témoigne de ce fourvoiement. Cependant, pour que l'on comprenne plus clairement ce qui a été dit,
notamment tant que les [choses] présupposées dans la démonstration
n'ont pas encore été enseignées (*tradita*), je trouve bon de l'illustrer
par un ou deux exemples. Par exemple, quelqu'un voit les boutures de
romarin plantées dans la terre à l'une de leurs extrémités pousser des
racines et croître en un arbuste. Qui se promet le même résultat avec
des boutures d'arbres quelconques le tente en un vain effort. Assurément, qui recherche la raison pour laquelle cela réussit pour les
romarins, et la découvre, sait la condition requise pour le succès, par
conséquent, lorsque celle-ci manque, il s'abstient d'un vain labeur en

ne se le promettant nullement. *Agostino Mandirola*, de l'Ordre des
Mineurs de *Saint-François*, a, par un artifice singulier, fait pousser des
arbres à partir de feuilles de citronniers et de limettiers [1]. Même si la
même expérience (*experimentum*) a été répétée en Allemagne non
sans bonheur, plusieurs l'ont cependant tentée en vain parce que, la
connaissance philosophique de la pratique leur étant inconnue, ils se
sont fourvoyés dans l'application des règles données par *Mandirola*.
Dans les [affaires] morales et politiques, la connaissance philosophique n'a certes pas été tout à fait négligée jusqu'à présent.
Toutefois, l'expérience atteste combien le résultat est douteux en ces
[affaires], même quand elles visent à faire une [chose] déjà faite. La
pitié pour un malheureux nous touche dès que nous connaissons la
raison de son malheur. Lorsqu'ils ignorent la raison, par conséquent
lorsque la connaissance philosophique leur fait défaut, les malheureux
se persuadent que d'autres, au seul spectacle du malheur, vont être
excités à la pitié. Toutefois, le résultat trompe l'espoir; en effet, dans
certains cas, la pitié fait défaut, dans d'autres, il y a lieu de se moquer.
Et si néanmoins quelqu'un, disposant de la connaissance philosophique, sait qu'il n'y a lieu [d'éprouver] de la pitié que là où l'amour
pour le malheureux a été présent, il ne tente nullement d'exciter autrui
à la pitié grâce au seul spectacle du malheur ou, si c'est par une raison
probable qu'il agit, il ne se promet pas de résultat certain. Il voit avec
netteté que, sans aucun doute, il lui faut rechercher si autrui est lié à
tout le genre humain par un amour universel, et si ne serait pas
présente une raison spécifique empêchant que lui n'en fasse montre
envers lui-même, et, dans le cas contraire, il sait qu'il faut s'enquérir
des moyens de provoquer chez autrui de l'amour pour lui.

---

1. Cf. *Manuel du jardinier ou traité complet de tout ce qui a rapport à la
culture d'un jardin*, trad. fr. M. Raudi, Paris, Lamy, 1781, livre II, chap. XIII,
p. 106-107 (« Le Romarin est un arbrisseau qui s'élève à la hauteur de trois ou
quatre pieds [...] : on le multiplie de marcottes : cette plante croît par-tout »), et
livre III, chap. I (« Des Orangers, du Citronier, & du Limonier »), p. 232-236.

§ 42. *L'étendue de la connaissance philosophique est plus grande que celle de la connaissance historique*

Les [choses] dont il est une connaissance philosophique, nous les appliquons à plus de cas rencontrés dans la vie humaine que lorsque nous n'en avons qu'une connaissance historique, si la raison de ce qui revient à l'espèce est contenue dans la notion du genre. De fait, celui qui a une connaissance historique sait que quelque [chose] est ou peut se produire (§ 3) ; c'est pourquoi celui qui connaît quelque [chose] à propos d'un sujet d'une certaine espèce ne l'admet qu'à propos d'autres sujets relevant de la même espèce. Et si la raison de ce que l'on attribue à l'espèce est contenue dans la notion du genre, on doit prédiquer la même [chose] de tout le genre, partant, de toute autre espèce relevant également du même genre. Donc, celui qui se contente de la connaissance historique applique aux choses d'une unique espèce les [choses] qu'il devait appliquer à des choses de plusieurs espèces, partant, à moins de cas rencontrés dans la vie qu'il n'est possible de s'en produire. Et si, toutefois, celui qui excelle dans la connaissance philosophique voit avec netteté la raison des [choses] qui sont et se produisent (§ 6), il voit par conséquent si elle est contenue dans la notion du genre ou dans la notion de l'espèce. C'est pourquoi, quand il arrive qu'il la découvre dans la notion du genre, il attribue à plusieurs espèces les [choses] que, fort de la seule connaissance historique, il n'énonce qu'à propos de l'une [d'entre elles]. Il les applique ainsi à plus de cas rencontrés dans la vie humaine.

Par exemple, l'eau se meut plus vite si le lit de la rivière se resserre, de sorte qu'elle s'écoule par une plus petite section qu'auparavant. Celui qui dispose de la seule connaissance historique ne peut en user que dans un cas donné, à savoir quand il faut faire en sorte que, à quelque endroit du lit de la rivière, l'eau s'écoule plus vite ou plus lentement. Assurément, celui qui excelle dans la connaissance philosophique sait que ce n'est pas en tant qu'elle est de l'eau mais en tant qu'elle est un liquide pesant que le mouvement de l'eau est accéléré ou retardé de cette manière, partant, que le mouvement de n'importe quel liquide pesant se précipitant par un canal en pente peut être accéléré ou retardé de cette manière. D'ailleurs, lorsqu'il voit que le mouvement de l'eau est accéléré parce que la vitesse augmente à cause de la hauteur croissante de l'eau, tant que, dans un même temps, juste autant d'eau s'écoule par une section plus petite qu'il ne s'en écoulait auparavant par une plus grande, il comprend clairement que la même [chose] vaut pour tout liquide, si la force par laquelle le liquide est poussé en avant est augmentée et que l'ouverture par laquelle il s'écoule a été réduite. En effet, il ne lui est pas moins manifeste que la réduction ou l'élargissement du lit de la rivière sont considérés, du moins ici, comme une ouverture plus ou moins grande. C'est pourquoi il énonce une proposition beaucoup plus universelle, telle que : *Si on réduit l'ouverture par laquelle un liquide quelconque est poussé en avant par une force quelconque, et si on intensifie la force, aussi longtemps que, dans un même temps, la même quantité de liquide se meut par l'ouverture plus petite que celle qui, auparavant, se mouvait par l'ouverture plus grande, le mouvement du liquide est grandement accéléré et, dans le cas contraire, retardé.* Tout le monde voit que l'usage de la proposition se révèle maintenant plus large qu'auparavant, lorsqu'elle ne se restreignait qu'à un cas bien spécifique. On peut maintenant vraiment l'appliquer à des choses bien différentes quant à l'aspect externe. Par exemple, les [choses] apprises au sujet de l'eau coulant par le lit d'une rivière, nous les appliquons aussi aux soufflets quand nous voulons susciter un vent plus fort.

§ 43. *La connaissance philosophique est plus fructueuse que la connaissance historique*

Si l'on peut énoncer plus universellement les [choses] que la connaissance historique restreint à un cas spécifique, la

connaissance philosophique diminue le nombre des proposi-
tions de sorte que celui qui dispose d'une connaissance moins
étendue est préparé à plus de cas. En effet, puisque celui qui
excelle dans la connaissance philosophique sait la raison de ce
que la connaissance historique restreint au cas spécifique (§ 6),
il ne peut méconnaître que cette raison est contenue dans la
notion du genre. C'est pourquoi, puisqu'on doit prédiquer du
genre ce dont la raison est contenue dans sa notion, ce que nous
verrons plus clairement en son lieu dans la Logique, les
[choses] que la connaissance historique restreint à une certaine
espèce, la connaissance philosophique les étend au genre, ainsi
que nous l'avons déjà démontré antérieurement (§ 42). Ainsi,
on réduit de cette façon à une seule plusieurs propositions
devant être formées d'espèces différentes. Lorsqu'une seule
proposition suffit déjà, là où il était besoin de plusieurs auparavant, celui qui dispose d'une connaissance moindre [en
taille] est préparé à plus de cas.

L'exemple que nous avons proposé au paragraphe précédent a ici
aussi sa place.

§ 44. *Plaisir résultant de la connaissance philosophique*

La connaissance philosophique emplit l'esprit (animum)
d'un plaisir qu'il n'est pas permis d'attendre de la connais-
sance historique. Et si la connaissance historique a à faire à ce
qui se rencontre, l'esprit (*animus*) est indifférent et, à partir de
là, n'est mû par aucune raison. Si elle nous offre des [choses]
inattendues, nous sommes saisis d'admiration, si au contraire
elle nous offre des [choses] telles qu'il est intéressant de les
savoir, du moins nous réjouissons-nous alors qu'elles se font
connaître, mais le plaisir passager s'évanouit bientôt. Et si,
toutefois, nous voyons avec netteté les raisons des [choses]

que nous connaissons, l'esprit (*animus*), assoiffé de science et de vrai, est empli d'un plaisir admirable, qui reviendra à l'avenir lorsqu'on méditera de nouveau sur ces mêmes [choses]. Pour qui les met à l'épreuve, sont patentes toutes les [choses] dont la raison dépend de principes psychologiques, qu'il faudra expliquer et asseoir en leur lieu. Nous faisons aussi l'expérience que le genre de plaisir qui résulte de la science remporte la victoire sur les autres plaisirs, quels qu'ils soient.

§ 45. *Pourquoi il ne faut pas mépriser la philosophie*

Il ne faut pas mépriser la philosophie à cause de l'utilité de la connaissance historique pour les cas [que présente] la vie humaine. En effet, puisque la connaissance philosophique s'applique aux cas [présentés par] la vie avec un succès plus heureux que la connaissance historique (§ 41) et qu'elle s'étend à plus de cas (§ 42), de sorte que celui qui dispose d'une connaissance moins étendue en est préparé à davantage (§ 43), et que, enfin, elle emplit l'esprit (*animum*) d'un plaisir qu'il n'est nullement permis d'attendre de la connaissance historique (§ 44), la prérogative de la connaissance philosophique sur l'historique est vraiment insigne, si tu considères son utilité elle-même pour les cas [que présente] la vie humaine. Ainsi, à cause d'une utilité moindre que celle de la connaissance historique, il serait aberrant de mépriser la philosophie, qui en fournit une plus grande et qui, en outre, charme l'esprit (*animum*) d'un plaisir insigne constituant une part non négligeable du bonheur humain, ce que l'on montrera en son lieu.

§ 46. *Définition du philosophe*

Le philosophe est celui qui peut rendre raison des [choses] qui sont ou peuvent être. La raison de cette définition est patente. Il excelle en effet dans la science que l'on salue du nom de philosophie (§ 29) et dont [l'affaire] est de rendre raison de ce pourquoi les possibles sont à même d'acquérir l'acte (§ 31) et de ce pourquoi, dans un cas donné, une [chose] se produit plutôt qu'une autre, qui était pareillement possible (§ 32).

§ 47. *Qui donc* [est] *le plus grand philosophe*

Le plus grand philosophe est donc *celui qui peut rendre raison du plus de* [choses], *le moins grand, celui qui sait la raison du moins de* [choses].

Tu distingues vraiment par ce critère les philosophes qui possèdent la philosophie proprement dite. Certes, il est encore d'autres différences qui dépendent des dons de l'entendement et fixent des degrés, mais il sera permis d'en juger précisément lorsqu'on aura vu avec netteté la logique plus à fond.

§ 48. *Personne n'* [est] *philosophe en toutes* [choses]

Puisqu'il est un nombre de possibles tel qu'un seul homme ne peut nullement voir avec netteté la raison de tous, et que n'est philosophe que celui qui peut rendre raison des [choses] qui sont ou peuvent être (§ 46), *nul homme n'est philosophe en toutes* [choses]. D'ailleurs, si quelqu'un voulait examiner par lui-même les [choses] selon cette norme, il comprendrait à quel point il est trop peu philosophe.

§ 49. *Notre définition du philosophe détourne de l'orgueil*

Notre notion de la philosophie détourne donc *de l'orgueil.* Puisque, en effet, en vertu de notre définition, nul ne peut être dit philosophe sinon en tant qu'il peut rendre raison des [choses] qui sont ou peuvent être (§ 46), et que celui qui s'examine suivant cette norme comprend non seulement qu'il ne peut être philosophe en toutes [choses], mais encore à quel point il est trop peu philosophe (§ 48), il ne peut vraiment pas se produire qu'il s'enorgueillisse à cause de sa connaissance philosophique. Ainsi, notre notion de la philosophie le détourne de l'orgueil.

Certes, il suit de notre définition que n'est pas philosophe celui qui, disposant de la seule connaissance historique, sait passer en revue les [choses] qui sont et peuvent se produire, mais ne voit pas avec netteté la raison pour laquelle elles sont ou se produisent. Néanmoins, ce n'est pas parce que, d'après notre jugement, quelqu'un n'est pas philosophe que nous lui faisons injure de cette manière ou que nous le méprisons. Ni l'érudition, ni la doctrine utile à la vie ne lui sont déniées. Dans les sciences, il faut distinguer les [choses] que l'on saisit comme différentes, et les discerner l'une par rapport à l'autre au moyen de noms différents. Nous avons très clairement donné la preuve que les connaissances philosophique et historique diffèrent (§ 7), et nous avons prêté attention à la différence dans les définitions (§ 3, 6). Or, la première loi du raisonnement est que, censés ne mettre de nom sur aucune chose sauf si la définition lui revient, nous raisonnions à partir de notions. Il serait d'ailleurs vain que quelqu'un se plaignît de nous parce que notre jugement ne le tient pas pour philosophe. Car si nous nions qu'il soit, à notre sens, philosophe, nous le disons privé de la raison des [choses] qui peuvent être (§ 46). Et si donc il ignore cette raison, il ne peut pas exiger de nous que nous lui en attribuions la connaissance (*notitiam*). Si, au contraire, il sait cette raison à fond, il est, à notre sens, philosophe et est reconnu philosophe dans tous les cas où il rend raison des [choses] qui sont ou peuvent être. Il n'est pas d'un philosophe de prendre plaisir à un nom ; c'est juger (*statuetur*) bassement de la chose à laquelle on attribue un nom vénérable si une idée ordinaire lui correspond.

§ 50. *Connaissance historique de la philosophie*

Si quelqu'un sait les propositions de la philosophie et les comprend, mais qu'il ne peut en démontrer la vérité, il a une connaissance historique de la philosophie. Celui qui sait les propositions de la philosophie et les comprend connaît les [choses] que l'on enseigne en philosophie. Par là, puisqu'il connaît quelque fait, il excelle dans la connaissance historique (§ 3). Mais, puisqu'il ne peut démontrer la vérité de ces propositions, la science lui fait défaut (§ 30), par conséquent, il est privé (§ 29) de la philosophie même, n'a qu'une connaissance historique de la philosophie et ne peut alors être dit Philosophe (§ 46), sauf si tu admets, dans l'usage des mots, une inconstance à laquelle nous n'accordons nulle place en philosophie (§ 144).

Il est patent, à partir des [choses] que nous avons dites à l'instant au § 49, que nous les avons dites sans mépriser personne. Au vrai, outre que la raison nous conseille de penser (*sentiamus*) ainsi, nous incitons les nobles esprits (*animos*) à tendre aux [choses] élevées et remarquables, non sans profit pour la science elle-même, ni sans bonheur pour le genre humain, bonheur sur lequel la vérité influe de multiples façons. Je ne suis pas ignorant d'autres de leurs avantages (*utilitates*), jusqu'ici trop peu reconnus, que, cependant, nous nous abstenons de passer en revue jusqu'à ce que l'on puisse montrer leur vérité avec netteté.

§ 51. *La connaissance historique de la philosophie [est] applicable à l'usage de la vie*

Celui qui a une connaissance historique de la philosophie est en mesure de l'appliquer aux cas [que présente] la vie humaine. Celui qui a une connaissance historique de la philosophie en sait les propositions (§ 50), partant, il a vu avec netteté de quel sujet et à quelle condition on énonce quelque prédicat. Et puisqu'il comprend les propositions, soit il possède les définitions des termes vues avec netteté, soit, du moins, il a des notions claires des choses qu'ils dénotent; en effet, il sera patent en son lieu, dans la Logique, que, dans le cas contraire, il ne peut se produire que l'on comprenne une proposition. Celui qui détient la définition de quelque chose, ou, du moins, en a une notion claire, la reconnaît une fois qu'elle s'est donnée à lui, partant, si la condition exprimée dans la proposition est présente, il conclut que le prédicat attribué au sujet dans la proposition lui convient. Ainsi, il applique la connaissance historique qu'il a aux cas [que présente] la vie humaine.

La philosophie fait l'expérience du même destin que celui qu'a coutume de posséder la Mathématique. Ceux qui ne peuvent démontrer les règles des opérations mettent en application une Arithmétique pratique dans les différents cas [que présente] la vie. Les arpenteurs et les architectes militaires s'acquittent avec bonheur de certaines pratiques de Géométrie, même s'ils ne sauraient les démontrer. Par là, il est préférable d'enseigner ces propositions sans démonstrations à ceux qui ont l'esprit (*ingenii*) trop émoussé pour pouvoir concevoir les démonstrations, plutôt que de les tenir à l'écart de la philosophie. Il n'est d'ailleurs pas dénué d'utilité (*utilitate*) que quelqu'un se procure une connaissance historique de la philosophie avant qu'il n'applique son esprit (*animum*) à cette science même. De fait, on suppose [que figurent] dans les démonstrations des propositions antérieures familières; ainsi, celui qui se les est rendues familières avant d'en apprécier les démonstrations ressent plus de facilité à les concevoir et avance beaucoup plus vite dans l'étude de la philosophie que s'il était entièrement ignorant de toutes les [choses] qu'on y enseigne (*traduntur*).

§ 52. *Qui ne peut être juge dans les controverses philosophiques*

Celui qui dispose de la seule connaissance historique de la philosophie ne peut juger des controverses philosophiques. Celui qui veut porter un jugement sur une thèse controversée en philosophie doit démontrer si elle contredit les autres thèses, si elle s'accorde avec elles ou si elle s'en déduit par une conséquence légitime. C'est pourquoi, puisque est requise pour cela l'habileté à démontrer, par conséquent, la science elle-même (§ 30), mais que celui qui dispose de la seule connaissance historique de la philosophie en est dénué (§ 50), il est évident qu'il ne peut juger des controverses philosophiques.

§ 53. *On montre la même [chose] de manière plus poussée*

Ainsi, *celui qui a simplement une connaissance historique de la connaissance philosophique d'autrui est beaucoup moins en mesure de juger des controverses philosophiques.* En effet, il sait uniquement quelle raison du fait allègue autrui (§ 8), partant, dispose d'une connaissance plus légère que celui qui possède la connaissance historique de la philosophie elle-même (§ 50). C'est pourquoi, puisque celui-ci ne peut être juge des controverses philosophiques (§ 52), celui-là pourra beaucoup moins en être juge.

§ 54. *Degré moyen entre les connaissances philosophique et historique*

Si quelqu'un sait confirmer par des expériences (experimenta) *et des observations les thèses de philosophie dont il a une connaissance historique, quoiqu'il n'en conçoive pas les démonstrations, il obtient quelque degré moyen entre la connaissance historique et la philosophique.* De fait, celui qui dispose de la seule connaissance historique sait et comprend simplement les propositions de la philosophie, mais n'en voit pas avec netteté la vérité (§ 50). Celui qui sait les confirmer par des expériences (*experimenta*) et des observations reconnaît que peut se produire ce que le philosophe reconnaît, par la raison, pouvoir se produire (§ 26). Cependant, puisque lui-même ne perçoit pas de raison, la connaissance philosophique lui fait défaut (§ 6, 9). Ainsi, sa connaissance est inférieure à la connaissance philosophique, mais supérieure à l'historique, par conséquent, constitue un degré intermédiaire entre les connaissances historique et philosophique.

Il serait assurément souhaitable que ceux qui, soit n'ont pas suffisamment d'esprit (*ingenium*), soit n'ont pas assez de loisir pour pouvoir vaquer aux démonstrations, lorsqu'ils veulent se procurer la science philosophique elle-même, tendent à ce degré intermédiaire, de même qu'il le serait que l'on prouve par des expériences (*experimenta*) les théorèmes d'Optique à ceux qui ne peuvent ni ne veulent évaluer les démonstrations elles-mêmes. En effet, ce degré, que l'on pourrait nommer son début, est le plus proche de la philosophie. D'ailleurs, si on enseignait (*traderetur*) la philosophie par degrés, de sorte que, en premier lieu, ceux qui ont une bonne mémoire soient amenés à sa connaissance historique, qu'ensuite on confirme par des expériences (*experimentis*) et des observations les [choses] qui furent imprimées dans la mémoire, et qu'enfin ceux qui se signalent par leur esprit (*ingenio*) soient amenés à la science même, on ferait beaucoup de progrès en philosophie. Un profit insigne en rejaillirait sur l'État, et les controverses téméraires auxquelles on sacrifie, en partie par vanité, en partie par un affect déviant, seraient éliminées. Mais nous nous occuperons de cela réellement, selon notre dessein, dans la politique.

CHAPITRE III

DES PARTIES DE LA PHILOSOPHIE

§ 55. *Fondement des parties de la philosophie*

Les étants que nous connaissons sont Dieu, les âmes humaines et les corps, ou choses matérielles. De fait, si nous prêtons attention à nous-mêmes, nous sommes conscients, à tout moment du temps, des choses [qui sont] présentes hors de nous et excitent nos organes sensoriels ; et, au vrai, tout un chacun est conscient de lui-même. Ce qui, en nous, est conscient de soi-même se nomme l'*âme* ; les autres choses, étendues, différant les unes des autres par la figure et la grandeur, que nous intuitionnons hors de nous s'appellent les *corps*. Nous admettons ainsi un double genre d'étants, les *corps* et les *âmes humaines*. Et dès que nous jugeons (*statuimus*) que les corps et les âmes humaines ne sont pas des étants par soi (*a se*), c'est-à-dire des [choses] naissant et persévérant par leur propre vertu, nous admettons également un Auteur tant des corps que des âmes, par la vertu duquel l'un et l'autre genres d'étants ont été produits. Et cet Auteur des choses, dont nous accordons qu'elles existent, nous l'appelons *Dieu*. C'est pourquoi les étants que, attentifs à nous-mêmes, nous connaissons avant de philosopher sont Dieu, les âmes humaines et les corps.

§ 56. *Parties premières de la philosophie*

De là découlent trois parties de la philosophie, dont la première s'occupe de Dieu, la deuxième de l'âme humaine et la troisième des corps, ou choses matérielles. En effet, puisque, outre Dieu, les âmes humaines et les corps, nous ne connaissons pas d'autres étants (§ 55), celui qui ne prête attention qu'à ce triple genre d'étants ne peut fixer davantage de parties pour la philosophie.

Nous ne nions pas que, outre les corps, les âmes et Dieu, d'autres étants existent, ni ne révoquons en doute ce que l'Écriture sainte enseigne (*tradit*) au sujet de l'existence des anges, mais nous soutenons seulement que, avant que nous philosophions, aucun genre d'étants ne se fait connaître à nous, inquiets de l'objet de la philosophie, hormis les âmes et les corps, et leur Auteur, Dieu; quoique, tant que nous n'avons pas cultivé la philosophie, nous ne puissions encore démontrer son existence, nous l'admettons cependant pour des raisons probables, de même que la différence entre les âmes et les corps. En effet, nous philosophons pour acquérir la connaissance certaine des [choses] que nous reconnaissons confusément sous la conduite du sens et de l'attention prêtée à nous-mêmes.

§ 57. *Définition de la Théologie Naturelle*

La partie de la philosophie qui s'occupe de Dieu s'appelle *Théologie Naturelle.* C'est pourquoi on peut définir la *Théologie naturelle* comme la science des [choses] que l'on comprend comme possibles par Dieu. De fait, la philosophie est la science des possibles en tant qu'ils peuvent être (§ 29). C'est pourquoi, puisque, au nombre des possibles, sont aussi les [choses] qui sont inhérentes à Dieu et que l'on comprend comme pouvant se produire par lui, ce que personne ne nierait dès qu'il aurait admis l'existence de Dieu, la Théologie naturelle est la science des [choses] qui sont possibles par Dieu.

Celui qui doit démontrer quelles [choses] sont possibles par Dieu est tenu de savoir celles qui lui sont inhérentes. Celles qui lui sont inhérentes sont ses attributs, et celles que l'on comprend comme pouvant se produire par lui-même en vertu de ces attributs sont ses ouvrages, comme, par exemple, la création et la conservation de l'univers. D'où il appert que, dans la Théologie naturelle, on doit s'occuper des attributs et des ouvrages de Dieu. Assurément, puisque, dans ce discours préliminaire également, il nous a plu de suivre, autant qu'il est permis, un ordre tel que les [choses] suivantes soient inférées des précédentes, nous n'avons fait aucune mention expresse des attributs et des ouvrages de Dieu dans la définition de la Théologie naturelle, mais nous l'avons conçue en des termes généraux par lesquels nous la déduisons, en tant que définition spéciale, de la définition générale de la philosophie. Nous procédons à ce rappel de façon à ce que ceux qui ignorent la méthode ne nous reprochent pas de ne pas exprimer dans la définition les [choses] qu'on doit traiter dans la Théologie naturelle. Lorsque nous aurons démontré, dans la Logique, les règles de la définition, nous pourrons démontrer sans difficulté que notre définition de la Théologie naturelle leur convient en totalité. En effet, dans une définition ne doivent pas être contenues plus de [choses] qu'il n'en suffit pour en déduire le reste. Or, nous pouvons, à partir des [choses] que nous avons posées dans la définition de la Théologie naturelle, déduire celles qu'il y faut traiter, ainsi qu'on le verra en son temps. Je sais ce que je peux faire. Il est, au vrai, embarrassé de compter les [choses] que je peux faire parmi celles qui ne peuvent être faites.

§ 58. *Définition de la Psychologie*

La partie de la philosophie qui s'occupe de l'âme, j'ai coutume de l'appeler *Psychologie*. La *Psychologie* est ainsi la science des [choses] qui sont possibles par les âmes humaines. La raison de cette définition est patente, comme précédemment. En effet, la philosophie en général est la science des possibles en tant qu'ils peuvent être (§ 29). C'est pourquoi, puisque la Psychologie est la partie de la philosophie qui s'occupe de l'âme, elle sera la science des [choses] qui sont possibles par l'âme humaine.

§ 59. Définition de la Physique

Enfin, la partie de la philosophie qui s'occupe des corps, on la salue du [nom] de *Physique*. C'est pourquoi je définis la *Physique* comme étant la science des [choses] qui sont possibles par les corps. Ici également, la raison de la définition est patente, comme précédemment (§ 57). En effet, puisque la philosophie est la science des possibles en tant qu'ils peuvent être (§ 29) et que la physique s'occupe des corps, celle-ci sera la science des [choses] qui peuvent se produire par les corps.

Les [choses] que nous avons notées un peu plus haut (§ 57, Rem.) au sujet de la définition de la théologie naturelle peuvent s'appliquer, *mutatis mutandis*, aux définitions de la Psychologie et même de la Physique. On verra assurément en son temps, à partir des prolégomènes spécifiques aux disciplines, que ces définitions déterminent suffisamment les [choses] qu'il convient d'y traiter.

§ 60. Fondement de la Logique et de la philosophie pratique

L'âme a une double faculté, celle *de connaître et* celle *de désirer.* Nous admettons cela comme certain par l'expérience, ce qu'il faudra établir et expliquer plus abondamment en son lieu. Il n'est pas moins patent *que l'une et l'autre facultés peuvent se fourvoyer dans leur exercice,* à savoir celle *de connaître par rapport à la vérité,* celle *de désirer par rapport au bien*, de telle sorte que celle-là embrasse l'erreur au lieu de la vérité et que celle-ci choisisse le mal au lieu du bien.

Nous exposerons ces [choses] plus distinctement dans la Psychologie. Nous suffisent pour l'instant les notions claires des termes ainsi que les expériences obvies qui confirment les [choses] que nous avons dites.

§ 61. *Définition de la Logique*

La partie de la philosophie qui enseigne (*tradit*) l'usage de la faculté de connaître en vue de connaître la vérité et d'éviter l'erreur se nomme *Logique*, laquelle nous définissons, par suite, comme la science qui dirige la faculté de connaître dans la connaissance de la vérité.

Les [choses] relatives à cette définition que nous pouvions rappeler, nous les réservons pour les prolégomènes à la Logique, qu'il nous faudra bientôt enseigner (*tradenda*).

§ 62. *Définition de la philosophie pratique*

Et la partie de la philosophie qui inculque l'usage de la faculté de désirer en vue de choisir le bien et de fuir le mal se nomme *philosophie pratique*. La *philosophie pratique* est, par suite, la science qui dirige la faculté de désirer en vue de choisir le bien et de fuir le mal.

§ 63. *Fondement de l'Éthique et de la Politique*

L'homme peut être considéré d'une double façon, *soit en tant qu'il est homme, soit en tant qu'il est citoyen*, ou, ce qui est la même [chose], *soit en tant qu'il vit* dans la société du genre humain, c'est-à-dire *dans l'état de nature*, soit en tant qu'il vit

dans la société civile. C'est à cause de cette double considération que la philosophie pratique est divisée en deux parties.

§ 64. *Définition de l'Éthique*

La partie de la philosophie dans laquelle l'homme est
considéré en tant que vivant dans l'état de nature, c'est-à-dire
dans la société du genre humain, on l'appelle *Éthique*. C'est
pourquoi nous définissons l'Éthique comme la science qui
dirige les actions libres dans l'état de nature, c'est-à-dire en
tant que l'homme relève de sa propre autorité et n'[est] pas
soumis au pouvoir d'autrui.

En effet, même si maintenant, où nous sommes soumis au pouvoir
d'autrui, nous ne vivons pas dans l'état de nature, on voit cependant
que, dans l'état civil, la liberté de l'homme n'est pas restreinte quant à
toutes ses actions, mais qu'une grande partie de celles-ci, d'ailleurs la
plus grande, lui est laissée sans limite. Ainsi, quant à ces dernières, il
en va de même que s'il vivait dans l'état de nature et n'[était] soumis
au pouvoir de personne mais [était] lui-même maître de ses actions.

§ 65. *Définition de la Politique*

La partie de la philosophie dans laquelle l'homme est
considéré en tant que vivant dans un État, c'est-à-dire dans
l'état civil, s'appelle *Politique*. Ainsi, la *Politique* est la
science qui dirige les actions libres dans une société civile,
c'est-à-dire dans un État.

§ 66. *Fondement de l'Économique*

Il y a, outre l'État, ou société civile, *d'autres sociétés plus
petites*, qui auraient eu lieu même dans l'état de nature ou en
dehors de l'État, comme, par exemple, les sociétés conjugale,

paternelle, domestique, qui ont coutume de se montrer sous le nom de simples.

§ 67. *Définition de l'Économique*

La partie de la philosophie dans laquelle l'homme est considéré en tant que membre de quelque société plus petite, on l'appelle *Économique*. De là, l'*Économique* est la science qui dirige les actions libres dans les sociétés plus petites qui auraient également eu lieu en dehors de l'État.

Nous maintenons les divisions reçues des disciplines, mais nous ajustons les définitions de telle sorte qu'elles correspondent aux connaissances (*notitiis*) générales.

§ 68. *Définition du Droit de la nature*

Puisqu'il ne peut se produire qu'un homme désire le bien et ait de l'aversion pour le mal sans les avoir connus, la partie de la philosophie dans laquelle on enseigne quelles actions sont bonnes et quelles sont mauvaises, on l'appelle *Droit de la nature*. On définit, par suite, le *Droit de la nature* comme la science des bonnes et des mauvaises actions.

On voit aisément que le droit de la nature est la théorie de la philosophie pratique (§ 62), à savoir de l'Éthique, de la Politique et de l'Économique (§ 64 *sq.*). C'est pourquoi, puisqu'il n'est pas besoin de distinguer la théorie de la pratique, le droit de la nature peut être enseigné (*tradi*) dans l'Éthique, l'Économique et la Politique elles-mêmes.

§ 69. *Fondement de la philosophie pratique universelle*

Il est également *quelques principes généraux dont dépendent toute la théorie et la pratique de la philosophie pratique.* Notre faire même, à savoir lorsque nous exhibons ces principes généraux, prouve ce que nous soutenons ici.

Certes, la démonstration progresse aussi *a priori*, mais on suppose, à partir de l'Ontologie et de la Psychologie, des [choses] qui ne sont absolument pas connues du vulgaire. De là, la méthode commande que nous nous abstenions ici de cette démonstration. En effet, elle ne souffre pas que l'on exige des principes que l'on admette avec plus de peine que la proposition même que l'on doit prouver par ceux-ci.

§ 70. *Définition de la philosophie pratique universelle*

La partie de la philosophie qui enseigne (*tradit*) la théorie et la pratique générales de la philosophie pratique, je l'appelle *Philosophie pratique universelle*. De là, je l'ai définie comme la science affective pratique qui dirige les actions libres par les règles les plus générales.

J'ai publié en l'an 1703 la Philosophie pratique universelle rédigée selon la méthode mathématique [1] et l'ai soumise à l'examen des savants au cours d'une controverse publique à l'Université de Leipzig alors que, briguant une place académique parmi les privat-docents, il me fallait, conformément aux statuts, publier un ouvrage. Et c'est cet ouvrage qui me fit connaître pour la première fois de *Leibniz*, qui l'avait reçu par l'entremise de *Mencke* [2] et m'avait jugé digne de sa faveur et de son amitié. Même si j'ai rédigé fort jeune cet

---

1. *Philosophia practica universalis, mathematica methodo conscripta, reprint* en *GW* II, 35.2, p. 189-223 (trad. fr. du prologue et du chap. 1 par S. Buchenau et A.-L. Rey, *DATA*, n° 31, ENS LSH, janvier 2000, p. 4-15).

2. Aucun indice n'a jusqu'à présent permis de trancher la question de savoir si Ch. Wolff désignait Otto Mencke, fondateur des *Acta eruditorum,* ou son fils Johann Burchard Mencke, qui dirigera la revue après la mort de son père. Sur ce point, cf. J. École, *GW* II, 1.1, p. 142, ainsi que L. Kreimendahl et G. Gawlick, *op. cit.*, p. 244.

écrit en imitant les Mathématiciens les plus récents, qui enseignent (*tradunt*) généralement, dans la Mathématique universelle, les principes communs à l'Arithmétique et à la Géométrie, j'y découvre cependant, aujourd'hui encore, de solides enseignements (*tradita*), quoique j'aie médité ensuite la théorie plus profondément et que j'en aie creusé les raisons plus à fond. La philosophie pratique universelle est d'une très grande aide lorsque tu te fixes [pour objet] d'enseigner (*tradere*) la philosophie pratique tout entière selon la méthode démonstrative. Je l'ai définie comme *science affective* parce qu'elle tourne la volonté vers le désir et l'aversion; je l'ai définie comme *pratique* parce qu'elle enseigne à déterminer la faculté locomotrice en vue d'exécuter des actions internes.

§ 71. *Définition de la Technologie*

Bien que négligée jusqu'ici (§ 39), une philosophie des arts est également possible. Tu peux l'appeler *Technique* ou *Technologie*. Ainsi, la *Technologie* est la science des arts et des œuvres de l'art, ou, si tu aimes mieux, la science des [choses] que les hommes accomplissent comme œuvres des organes du corps, et avant tout des mains.

Dans la Technologie, il ne faut pas expliquer de quelle façon les mouvements des mains et d'autres organes requis pour l'accomplissement des œuvres de l'art peuvent se produire par la structure du corps; en effet, cette enquête a trait à la physique (§ 59). Ici, il faut avant tout rendre raison des règles de l'art et des œuvres accomplies par l'art. Au sujet de l'agriculture, j'ai publié quelque échantillon de cette philosophie dans l'*Essai sur la vraie cause de la multiplication des semences*[1], d'où il appert qu'elle est possible mais qu'elle

---

1. *Entdeckung der wahren Ursache von der wunderbahren Vermehrung des Getreydes, dadurch zugleich der Wachsthum der Bäume und Pflantzen*

suppose le reste de la philosophie. En effet, les règles de l'art sont comme des conséquences des théories philosophiques dans lesquelles est contenue leur raison, quand bien même des inventeurs ne les auraient pas ensuite tirées au jour, et que, bien plus, des artisans faisant usage de ces règles les ignoreraient; ce dont nous nous étonnons d'autant moins qu'on ne voit que trop que la connaissance (*notitiam*) distincte des règles selon lesquelles les artisans opèrent leur fait le plus souvent défaut. J'ai déjà rappelé plus haut (§ 40, Rem.) que j'ai publié un échantillon de cette philosophie lorsque j'ai enseigné (*tradentem*) l'Architecture civile à la façon d'une science. En effet, l'Architecture civile traitée de cette manière est une espèce de la Technologie.

§ 72. *Philosophie des arts libéraux*

On peut également *instaurer une philosophie des arts libéraux eux-mêmes,* notamment quand on les ramène à la forme de la science. Par exemple, il y a une philosophie de la Grammaire dans laquelle on rend raison des règles générales ayant trait à la Grammaire en général, sans tenir compte des idiotismes des langues spécifiques. Et tu la nommerais, selon l'expression consacrée, *Grammaire philosophique*. De là, on comprend en même temps ce que veulent dire *Rhétorique philosophique*, *Poétique philosophique*, et ainsi de suite.

La Grammaire philosophique emprunte ses principes à l'Ontologie, à la Logique et à la Psychologie; la Rhétorique philosophique leur en emprunte, ainsi qu'à la philosophie pratique. *Tommaso Campanella* a fait de la Grammaire, de la Rhétorique et de la Poétique

---

überhaupt erläutert wird, als die erste Probe der Untersuchung von dem Wachsthume der Pflantzen, 1717 (*GW* I, 24).

philosophiques des parties de la philosophie rationnelle, et il les a enseignées (*tradidit*) selon leurs principes propres[1]. Il y a également ajouté l'*Historiographie*, qu'il définit comme l'art d'écrire des histoires en vue de jeter les bases des sciences. Mais ces parties de la philosophie sont couramment négligées.

§ 73. *Fondement et définition de l'Ontologie*

Il est aussi *plusieurs* [*choses*] *communes à tout étant*, que l'on prédique autant des âmes que des choses corporelles, [qu'elles soient] naturelles ou artificielles. La partie de la philosophie qui s'occupe de l'étant en général et des affections générales des étants se nomme *Ontologie*, ou encore *Philosophie première*. C'est pourquoi on définit l'*Ontologie, ou Philosophie première,* comme étant la science de l'étant en général, c'est-à-dire en tant qu'il est un étant.

Les notions générales de cette sorte sont les notions d'essence, d'existence, d'attribut, de mode, de nécessité, de contingence, de lieu, de temps, de perfection, d'ordre, de simple, de composé etc., lesquelles ne sont convenablement expliquées ni dans la Psychologie, ni dans la Physique, parce que nous avons besoin de ces notions générales et des principes qui en dépendent dans ces deux sciences, ou encore dans les autres parties de la philosophie, quelles qu'elles soient. Et pour cela, il est absolument nécessaire que l'on destine à l'explication de ces notions et de ces principes généraux une partie spéciale de la philosophie, qui [est], de loin, de la plus grande utilité dans toute science et tout art, et dans la vie elle-même si on la traite correctement. Sans elle, on ne peut certainement pas traiter la

---

1. *Cf.* son œuvre *Philosophiae rationalis partes quinque, videlicet : grammatica, dialectica, poetica, historiographia, juxta propria principia. Suorum operum tomus I*, Paris, Du Bray, 1637-1638.

philosophie selon la méthode démonstrative ; l'art d'inventer y prend
d'ailleurs ses principes.

§ 74. *Définition et fondement de l'Art d'inventer*

Il y a aussi *des règles par lesquelles l'entendement est
dirigé lorsqu'il recherche avec soin une vérité cachée.* En sont
un exemple l'Algèbre et tout l'art analytique des Mathématiciens, qui mettent au jour avec bonheur des vérités cachées et
qui augmentent quotidiennement la science. La partie de la
philosophie qui explique les règles qui dirigent l'entendement
dans [la découverte de] la vérité cachée se nomme *Art
d'inventer.* On définit, par suite, l'*Art d'inventer* comme la
science qui recherche avec soin la vérité cachée.

On confond couramment la Logique avec l'art d'inventer, qui,
même si elle n'y a pas une utilité méprisable, ne l'épuise cependant en
aucune manière. Celui-ci a besoin d'artifices spéciaux qui dépendent
d'autre [chose] que de la Logique. J'ai déjà rappelé que l'Ontologie y
était de la plus grande utilité. Assurément, si tu veux descendre aux
spécificités, il te faut présupposer la plupart des [choses] à partir de
chaque partie de la philosophie. Jusqu'ici, personne n'a [rien] publié
qui pût porter le titre d'Art d'inventer.

§ 75. *Fondement des différentes parties de la Physique*

Les genres de corps dont on s'occupe dans la Physique
sont différents. Il y a, en effet, des *corps totaux,* desquels, en
tant que parties, le monde est composé ; et il y a des corps
partiels, qui se rencontrent dans les corps totaux, comme
par exemple les fossiles, les végétaux, les animaux. C'est
pourquoi on divise la Physique en parties différentes,
lesquelles on désigne ci-après par leur dénomination spéciale.

§ 76. *Définition de la Physique générale*

La partie de la Physique qui s'occupe des affections générales des corps communes à plusieurs de leurs espèces, on l'appelle *Physique générale*. De là, on définit la *Physique générale* comme la science des [choses] qui reviennent soit à tous les corps, soit, du moins, à des corps d'espèces différentes.

Il faut traiter tout à fait séparément les [choses] qui reviennent soit à tous les corps, soit, du moins, à des corps d'espèces différentes afin qu'il ne soit pas besoin de les répéter plusieurs fois. D'ailleurs, si l'on a vu avec netteté la raison des propriétés générales, on met souvent à nu dans les corps, à partir de celles-ci, des [choses] cachées.

§ 77. *Définition de la Cosmologie*

La partie de la Physique qui s'occupe des corps totaux du monde et qui enseigne la façon dont le monde est composé à partir d'eux, on l'appelle *Cosmologie*. Ainsi, la *Cosmologie* est la science du monde en tant que tel.

Puisque les corps totaux du monde sont mûs, c'est également l'affaire du Physicien que de rendre raison de leurs mouvements. La partie de la Cosmologie qui s'occupe des causes des mouvements célestes, *Kepler* l'appelle *Physique céleste* [1].

§ 78. *Définition de la Cosmologie générale*

Il y a aussi une *considération générale du monde* expliquant les [choses] communes au monde existant et à tout autre monde possible. La partie de la philosophie qui développe ces

1. Ainsi que l'atteste par exemple le sous-titre de son *Astronomia nova* de 1609.

notions générales, et, qui plus est, en partie abstraites, je l'appelle *Cosmologie générale* ou *transcendantale*. Et je définis la *Cosmologie générale* comme la science du monde en général.

La Cosmologie générale a été jusqu'ici ignorée des philosophes, même s'ils ont partout enseigné (*tradita*) de façon dispersée les [choses] qui en relèvent. Pour moi, j'ai tenu pour judicieux d'instaurer cette science parce que la Psychologie, la Théologie naturelle ainsi que la Physique y prennent leurs principes, et que les [choses] qui s'y doivent rapporter ne sont pas traitées convenablement ailleurs.

§ 79. *Définition de la Pneumatique et de la Métaphysique*

On désigne parfois la Psychologie et la Théologie naturelle par le nom commun de *Pneumatique* et on a coutume de définir la *Pneumatique* comme la science des esprits (*spirituum*). Or, on appelle l'Ontologie, la Cosmologie générale et la Pneumatique par le nom commun de *Métaphysique*. La *Métaphysique* est donc la science de l'étant, du monde en général et des esprits (*spirituum*).

§ 80. *Définition de la Météorologie*

La partie de la Physique qui s'occupe des météores, on la dénomme *Météorologie*. La *Météorologie* est, par suite, la science des météores, c'est-à-dire des [choses] qui sont engendrées dans l'atmosphère, comme le sont la pluie, l'arc-en-ciel, la foudre ou l'aurore boréale.

§ 81. *Définition de l'Oryctologie*

La partie de la Physique qui traite des fossiles, on l'appelle *Oryctologie*. Ainsi, l'*Oryctologie* est la science des fossiles.

Les diverses terres, les liquides figés, comme par exemple les sels et le soufre, les pierres et les gemmes ou encore les métaux sont au nombre des fossiles. La description des fossiles, partie de l'histoire naturelle, s'appelle *Oryctographie*.

§ 82. *Définition de l'Hydrologie*

La partie de la Physique qui s'occupe de l'eau s'appelle *Hydrologie*. Ainsi, l'*Hydrologie* est la science des eaux.

Puisque le physicien doit rendre raison de toutes [choses] (§ 31), il faut également qu'il rende raison, dans l'*Hydrologie*, du mouvement des eaux, comme, par exemple, des fleuves et de la mer, de l'origine des sources, des thermes et des eaux acides etc. L'*Hydrographie* est la description des sources, des rivières, des lacs et de la mer, et elle constitue une partie de l'histoire naturelle.

§ 83. *Définition de la Phytologie*

La partie de la Physique qui s'occupe des plantes, ou végétaux, se nomme *Phytologie*. La *Phytologie* est, par suite, la science des végétaux.

Puisque les espèces de végétaux, qu'on a parfois coutume de traiter isolément, sont variées, les parties de la Phytologie sont également différentes. Ainsi, la description des herbes se nomme *Botanique*, partie de l'histoire naturelle. Et il faudrait que la partie de la Physique qui rapporte les propriétés spéciales des herbes à leurs raisons se nomme *Botanologie*. Or, on dénomme *Dendrologie* la partie de la Physique qui enseigne (*tradit*) les singularités relatives aux arbres. Il faut donc définir la *Botanologie* comme la science des herbes, et la *Dendrologie* comme la science des arbres et des arbustes. Assurément, puisque, jusqu'ici, même la Phytologie, qui enseigne (*tradit*) la doctrine générale des végétaux, n'a pas été suffisamment cultivée, nous laissons bien sûr pour l'instant ses parties spéciales de côté. Il était cependant permis de ne pas entièrement les passer

sous silence afin qu'apparaisse combien nombreuses restent encore à
rechercher avec soin en Physique les [choses] qui promettent au genre
humain une utilité certaine.

§ 84. *Définitions de la Physiologie et de la Pathologie physique*

Enfin, la partie de la Physique qui s'occupe du corps
animé, notamment humain, on l'appelle *Physiologie,* et elle se
montre parfois sous le nom d'*Économie animale. Claude
Perrault* l'a nommée *Mécanique des animaux*[1]. On définit la
Physiologie comme la science du corps animé; les Médecins
la définissent plus strictement comme la science du corps
humain sain. D'autres appellent *Anthropologie* le traité
physique de l'homme en particulier. Les Médecins nomment
Pathologie la [science] qui s'occupe du corps malade ou des
maladies qui l'affligent. Puisqu'il y a une philosophie de la
Médecine (§ 39), il faut également admettre une *Pathologie
physique*. Et puisqu'il revient au philosophe de rendre raison
des [choses] qui sont et se produisent (§ 31), il revient également au Physicien de rendre raison des [choses] qui surviennent dans le corps malade. Ainsi, la *Pathologie physique* est la
science du corps malade en tant que tel.

Rien ne s'oppose à ce que le Physicien ne range la Pathologie
physique sous la Physiologie. En effet, la santé et la maladie sont deux
états du corps humain dont le Physicien doit rendre raison. Or, on tire
la raison de l'un et de l'autre états à partir de la structure et de la nature

---

1. *Cf.* la treizième page de la préface du premier tome des *Essais de
physique ou Recueil de plusieurs traitez touchant les choses naturelles*, Paris,
Coignard, 4 tomes, 1680-1688 : « Le troisième Tome qui contient le traité *de la
Mechanique des Animaux*, explique toutes les fonctions des Animaux par la
Mechanique ».

du corps humain, à quoi des causes externes s'adjoignent, en tant que c'est par celles-ci qu'est déterminé l'acte des [choses] qui peuvent se produire par la structure et la nature du corps. Cependant, si quelqu'un voulait distinguer la pathologie de la physiologie selon l'usage (*more*) des Médecins, nous ne le désapprouverions pas. Nous sommes accommodants sur les mots, pourvu que, dans le traitement des choses, on n'effectue pas un travail superficiel.

§ 85. *Une partie de la Physique dépourvue de nom*

On peut, au vrai, donner une double raison des choses naturelles, dont l'une se tire de la cause efficiente et l'autre de la fin. On apprécie celles qui sont tirées de la cause efficiente dans les disciplines définies jusqu'à présent. Il y a donc encore, outre celles-ci, une autre partie de la philosophie naturelle qui explique les fins des choses et qui, bien qu'elle soit très étendue et très utile, est encore dépourvue de nom. On peut la nommer Téléologie.

§ 86. *S'il y a davantage de parties de la philosophie que nous n'en avons passé en revue jusqu'ici*

Nous avons jusqu'ici passé en revue les parties de la philosophie à la mise en lumière desquelles les philosophes ont jusqu'à présent consacré leur travail. Assurément, nous sommes loin d'être persuadés d'avoir par là épuisé tout le trésor de la Nature. Nombreuses sont plutôt les disciplines philosophiques qui sont jusqu'à présent inconnues et qui seront mises au jour en leur temps, lorsque les érudits voudront sérieusement appliquer leur esprit (*animum*) à philosopher et aspirer plus à repousser les frontières de la science qu'à sacrifier à la vaine ambition par laquelle les esprits (*animi*), cherchant à atteindre la gloire par le mépris et la flétrissure d'autrui, se scindent [et forment] des partis. S'occuper de tout n'est pas d'un seul homme. Il faut travailler en joignant ses forces. Il nous suffira par suite de mettre notre zèle à ordonner avant tout les disciplines reçues mais mal liées.

§ 87. *Ordre des parties de la philosophie*

L'ordre des parties de la philosophie est tel que précèdent celles auxquelles d'autres empruntent leurs principes. La philosophie est une science (§ 29); on doit, par conséquent, inférer par une conséquence légitime les [choses] qu'on y enseigne (*traduntur*) à partir de principes certains et immuables (§ 30). Les parties de la philosophie qui fournissent à d'autres leurs principes [doivent] donc précéder, et celles qui leur empruntent leurs principes suivre. Si tu nies que ceci doive se produire, il te faudra poser en premier lieu celles qui tirent d'autres parties les principes de leurs démonstrations. Il nous faudra ainsi utiliser des termes non encore définis et des principes non encore démontrés, par conséquent avant que nous voyions que ceux-ci sont certains et immuables. Nous ne comprenons donc pas bien le sens des propositions, ni ne sommes certains de leur vérité, tant que les autres parties ne viennent pas s'y ajouter. C'est pourquoi, puisque cela répugne à la science (§ 30), telle que la philosophie doit l'être (§ 29), et n'est pas compatible avec la certitude complète à laquelle il faut aspirer en philosophie (§ 33), il faut scrupuleusement garder l'ordre selon lequel la première place appartient aux parties qui procurent aux autres leurs principes et à partir desquelles on comprend et démontre les [choses] enseignées (*traduntur*) ici même.

C'est assurément [chose] fixée pour nous que de suivre cet ordre parce que nous visons au premier chef à enseigner (*tradere*) les vérités philosophiques en une série enchaînée. En effet, nous avons formé pour cela une notion de la philosophie en vertu de laquelle aucun autre ordre ne lui convient.

§ 88. *Quand il faut traiter la Logique en tout premier lieu*

Si tu es résolu à te mettre avec profit au service de la philosophie, il te faut traiter la Logique en tout premier lieu. En effet, la Logique enseigne (*tradit*) les règles par lesquelles la faculté de connaître est dirigée dans la connaissance de la vérité (§ 61). C'est pourquoi, puisque nous sommes tenus d'étudier la philosophie de façon à acquérir la certitude complète (§ 33), lorsque quelqu'un applique son esprit (*animum*) à son étude, il ne doit pas ignorer la manière dont il doit s'occuper de la connaissance de la vérité, partant, il est besoin qu'il s'avance en disposant de la Logique. Il faut ainsi qu'elle soit traitée en tout premier lieu.

Il est également reçu dans l'usage que ceux qui débutent en philosophie font leurs armes dans l'étude de la logique. De cette coutume, on ne peut rendre une raison différente de celle que nous avons donnée. Celui qui ne dispose d'aucune connaissance (*notitia*) de la Logique ignore, assurément, de quelle manière il faut examiner les définitions et les démonstrations, si elles supportent la rigueur, il admet, par conséquent, aisément comme certaines les [choses] qui manquent beaucoup d'évidence, et, bien plus, il estime très souvent comprendre les [choses] qui ne sont que sons dépourvus de pensée (*mente*).

§ 89. *Principes de la Logique*

S'il faut, en Logique, tout démontrer, il faut tirer les principes de l'Ontologie et de la Psychologie. Elle enseigne (*tradit*), en effet, les règles par lesquelles l'entendement est dirigé dans la connaissance de tout étant (§ 61), et sa définition, en fait, ne la restreint pas à une certaine espèce d'étants. Elle doit donc enseigner les [choses] auxquelles nous sommes tenus de prêter attention dans la connaissance des choses. Or, les [choses] qu'il faut dériver de la connaissance générale de l'étant se puisent dans l'Ontologie (§ 73). Il est ainsi patent qu'afin de démontrer les règles de la Logique, il faut en tirer les principes de l'Ontologie. En outre, puisque la Logique expose la façon de diriger l'entendement dans la connaissance de la vérité (§ 61), elle doit enseigner l'usage de ses opérations en vue de connaître la vérité. Or, c'est de la Psychologie qu'il faut apprendre quelle est la faculté de connaître et quelles sont ses opérations (§ 58). Il est donc, de plus, patent qu'afin de démontrer les règles de la Logique, il faut en tirer les principes de la Psychologie.

Tu verras ces [choses] plus clairement lorsque tu auras appris la Logique et que tu l'auras comparée avec l'Ontologie et la Psychologie. Pour nous, nous en avons plus que suffisamment fait l'expérience lorsque nous recherchions avec un soin inquiet les raisons des règles de la Logique, voire les règles elles-mêmes.

§ 90. Quand il faut disposer la Logique après l'Ontologie et la Psychologie

S'il faut, en Logique, tout démontrer rigoureusement en apportant les raisons authentiques, il faut disposer la Logique après l'Ontologie et la Psychologie. En effet, elle tire ses principes de l'Ontologie et de la Psychologie (§ 89). Et il est vrai qu'il faut traiter les parties de la philosophie dans un ordre tel que précèdent celles dont d'autres tirent leurs principes (§ 87). L'Ontologie et la Psychologie doivent donc précéder la

Logique, s'il faut y démontrer rigoureusement chaque [chose], en apportant les raisons authentiques des règles.

§ 91. *Pourquoi l'Auteur a traité la Logique en tout premier lieu*

La méthode démonstrative requiert que la Logique soit enseignée (*tradatur*) après l'Ontologie et la Psychologie (§ 90), mais la méthode de l'étude conseille qu'elle soit disposée avant toutes les autres parties de la philosophie, partant qu'elle précède l'Ontologie et la Psychologie (§ 88). On ne peut satisfaire à l'une et l'autre méthodes [en même temps]. Et puisque, ayant apprécié la chose avec plus de soin, nous avons compris que celui qui n'est pas encore versé dans la Logique ne peut s'occuper utilement d'Ontologie et de Psychologie, et que les principes ontologiques et psychologiques dont elle a besoin se peuvent plus aisément expliquer dans la Logique elle-même, nous avons donc préféré que la méthode de l'étude l'emporte sur la méthode de la démonstration.

Au vrai, cela pouvait se produire d'autant mieux que les principes ontologiques sont des définitions, que les principes psychologiques sont patents par l'expérience, par conséquent que l'on peut les comprendre et les admettre comme vrais quand même on n'aurait pas encore vu avec netteté d'autres [choses] à enseigner (*tradenda*) dans les [Matières] ontologiques. Il vient s'ajouter que, dans la Logique, on peut admettre *a posteriori* certaines [choses] dont il est permis d'exhiber la démonstration dans la Psychologie. Lorsque tu auras appris la démonstration à partir de la Psychologie, il en sera de même que si tu l'avais reçue comme enseignée (*traditam*) dans la Logique.

§ 92. *Principes métaphysiques de la philosophie pratique*

S'il faut, en philosophie pratique, tout démontrer, il faut que les principes soient tirés de la Métaphysique. La philosophie pratique démontre la manière dont il faut diriger la faculté de désirer en vue de choisir le bien et de fuir le mal (§ 62). Mais, la Psychologie expliquant ce que sont les possibles par l'âme humaine (§ 58) et en rendant raison (§ 31), elle fait connaître la faculté de désirer et sa dépendance par rapport aux autres facultés de l'esprit. Ainsi, la philosophie pratique tire ses principes de la Psychologie. Dans le Droit de la nature, partie de la philosophie pratique (§ 68), on démontre les devoirs de l'homme envers Dieu (*ibid.*), et, dans l'Éthique, on enseigne comment l'homme est à même de satisfaire à ses devoirs sans obligation externe émanant du pouvoir civil (§ 64). C'est pourquoi, puisqu'on ne peut ni démontrer les devoirs envers Dieu, ni enseigner leur pratique sans la connaissance de ce dernier, ce qui ressort du traitement même de l'Éthique et du Droit de la nature, et que le Philosophe puise la connaissance de Dieu dans la Théologie naturelle (§ 57), le Droit de la nature et l'Éthique supposent des principes [extraits] de la Théologie naturelle, s'ils doivent être traités de manière démonstrative. La philosophie pratique universelle enseigne (*tradit*) autant la théorie générale que la pratique générale de toutes les parties de la philosophie pratique (§ 70), mais on doit recourir plus d'une fois à la Théologie naturelle ainsi qu'à la Psychologie pour établir ces notions générales, ce qui sera patent à qui regarde l'une et l'autre discipline. La philosophie pratique universelle tire donc ses principes de la Théologie naturelle et de la Psychologie. Enfin, la philosophie pratique, comme tout le reste de la philosophie, ne peut se passer, dans ses démonstrations, des notions universelles développées dans l'Ontologie (§ 73). Ces [choses] que je dis pour en avoir fait l'expérience ressortent du traitement même de la philosophie pratique. Ainsi, la philosophie pratique prend également ses principes dans l'Ontologie. Il est limpide, à partir de ce qui a été démontré, que la philosophie pratique tire ses principes de l'Ontologie, de la Psychologie et de la Théologie naturelle. Or l'Ontologie, la Psychologie et la Théologie naturelle sont des parties de la Métaphysique (§ 79). Il apparaît donc ouvertement que la philosophie pratique tout entière doit tirer ses principes de la Métaphysique, s'il faut tout démontrer avec précision.

Ludwig Philipp Thümmig a publié, sous le titre d'Institutions philosophiques wolffiennes[1], un compendium des œuvres philosophiques que j'ai publiées en langue Allemande. Donc, lorsque j'en appelle aux [choses] qui ne sont manifestes qu'à partir du traitement même des disciplines, ce sont les Institutions de Thümmig qu'il faut ouvrir en attendant, jusqu'à ce que nos propres œuvres sortent. Nous écrivons pour ceux à qui plaît la certitude dans la connaissance. Nous levons ainsi tout obstacle afin que [rien] de ce qui mène à son obtention ne soit omis. Du reste, davantage d'arguments peuvent être allégués, qui, en philosophie pratique, attendent l'assistance de la Métaphysique. Mais Thümmig satisfera celui qui aspire à davantage si, ouvrant ses Institutions, ce dernier tourne la pointe de ses yeux et de son esprit vers les citations [qu'il fait de moi].

§ 93. Il faut disposer la Métaphysique avant la philosophie pratique

De ce qui a été dit, il s'ensuit qu'*il faut disposer la Métaphysique avant toute la philosophie pratique, si celle-ci*

---

1. *Institutiones philosophicae Wolfianae in usus academicos adornatae*, 2 vol., première édition en 1725-1726 (*GW* III, 19.1 et 19.2). Dans sa préface à ce *reprint*, p. 6, J. École rappelle que les *Institutions* de Thümmig « ne s'imposent pas à l'attention seulement par la rectitude de son interprétation de la pensée de Wolff, mais aussi – et ce n'est pas contradictoire – par le fait qu'il y a apporté dans sa présentation certains aménagements que Wolff a par la suite adoptés ».

doit être traitée de manière démonstrative. Car si la philosophie pratique doit être traitée de manière démonstrative, il
faut tirer ses principes de la Métaphysique (§ 92). Or, l'ordre
des parties de la philosophie est tel que précédent celles
auxquelles d'autres empruntent leurs principes (§ 87). La
Métaphysique doit donc précéder la philosophie pratique.

§ 94. *Principes métaphysiques de la Physique*

*S'il faut, en Physique, démontrer chaque [chose] avec
précision, il faut tirer ses principes de la Métaphysique.* En
Physique, on enseigne ce que sont les possibles par les corps
(§ 59); par conséquent, s'il faut la traiter de manière démonstrative, on ne peut ignorer les notions de corps, de matière, de
nature, de mouvement, d'éléments et d'autres notions générales parentes puisque la raison de beaucoup de [choses] en
dérive. Mais c'est la Cosmologie générale qui développe ces
notions générales, et l'Ontologie qui le fait de quelques-unes
(§ 73, 78). La Physique tire donc ses principes de la Cosmologie générale et de l'Ontologie, s'il faut tout démontrer avec
précision. D'ailleurs, puisque dans toutes les démonstrations
des effets par leurs causes que l'on enseigne (*traduntur*) en
Physique, on a finalement recours aux principes ontologiques,
il n'est presque aucune notion qui, ayant été développée dans
l'Ontologie, ne fasse montre de son usage en Physique. Donc,
celui qui s'occupe de Physique avec un soin inquiet ne peut
ignorer quelle lumière l'Ontologie répand sur elle. Il ressort de
ce qui a été démontré que la Physique, s'il faut y démontrer
chaque [chose] avec précision, emprunte ses principes à la
Cosmologie générale et à l'Ontologie. Mais la Cosmologie
générale et l'Ontologie sont des parties de la Métaphysique
(§ 79). La Physique tire donc ses principes de la Métaphysique.

§ 95. *Il faut disposer la Métaphysique avant la Physique*

De ce qui a été dit, il est patent qu'*il faut disposer la Métaphysique avant la Physique, si l'on doit traiter celle-ci de manière démonstrative*. En effet, s'il faut traiter la Physique de manière démonstrative, il faut tirer ses principes de la Métaphysique (§ 94). Ainsi, puisque l'ordre des parties de la philosophie doit être tel que précèdent celles auxquelles d'autres empruntent leurs principes (§ 87), il faut à tout prix disposer la Métaphysique avant la Physique.

§ 96. *Principes de la Théologie naturelle*

S'il faut enseigner (tradenda) *la Théologie naturelle selon la méthode démonstrative, il faut tirer ses principes de la Cosmologie, de la Psychologie et de l'Ontologie*. Dans la Théologie naturelle, on s'occupe de l'existence, des attributs et des œuvres de Dieu (§ 57). S'il faut s'en occuper selon la méthode démonstrative, il faut inférer les [choses] prédiquées de Dieu à partir de principes certains et immuables (§ 30). Ces principes immuables, à partir desquels on conclut fermement à l'existence de Dieu ainsi qu'à ses attributs, il faut les extraire de la considération du monde ; en effet, nous argumentons de leur existence contingente à l'existence nécessaire de Dieu, au moyen d'une conséquence nécessaire, et il faut lui attribuer les attributs à partir desquels on le comprend comme l'unique Auteur du monde. C'est pourquoi, puisque la Cosmologie générale enseigne (*tradit*) la considération générale du monde à partir de laquelle sa dépendance à l'égard des attributs divins est rendue visible (§ 78), la Théologie naturelle tire ses principes de la Cosmologie. Nous formons les notions des attributs divins dans la mesure où nous libérons de leurs limites les notions de ceux qui conviennent à l'âme. C'est pourquoi, puisque la connaissance de l'âme se puise dans la Psychologie (§ 58), la Théologie naturelle extrait également ses principes de la Psychologie. Enfin, puisqu'il est au plus haut point besoin, dans les démonstrations de la Théologie naturelle, des notions générales développées dans l'Ontologie (§ 73), celle-là n'emprunte pas moins ses principes à l'Ontologie.

Nous supposons ici que davantage de [choses] se produisent dans la Théologie naturelle; mais puisque ces [choses] relèvent du fait, nous ne pouvons les démontrer. À leur sujet, les Institutions [1] de *Thümmig* peuvent pour l'instant être consultées (§ 92, Rem.). Cependant, l'usage plus fécond de l'Ontologie et de la Psychologie dans la Théologie naturelle sera patent lorsque se présentera le vaste système de la Théologie naturelle.

§ 97. *Principes ontologiques de la Cosmologie générale*

S'il faut enseigner (tradenda) *la Cosmologie générale selon la méthode démonstrative, on a besoin de principes ontologiques.* La Cosmologie générale enseigne (*tradit*) la doctrine générale du monde et des corps dont il se compose, ainsi que des éléments auxquels les corps doivent leur naissance (§ 78). Ainsi, s'il faut démontrer à partir de principes généraux les principes plus spéciaux, on présuppose, au sujet des corps et de leurs éléments, les notions générales de l'étant et, en même temps, les attributs généraux du monde. C'est pourquoi, puisque l'Ontologie explique ces notions, la Cosmologie générale a besoin de principes ontologiques.

Par exemple, on enseigne (*traduntur*) dans l'Ontologie les doctrines de l'étant composé et de l'étant simple, dont l'une s'applique aux corps, l'autre à leurs éléments dans la Cosmologie. Dans

1. *Op. cit.*

l'Ontologie, on développe les notions d'espace, de temps, de continu, d'ordre, de perfection, de force, de puissance, etc., dont nous avons besoin dans la Cosmologie quand nous voulons démontrer l'étendue et la continuité des corps, leurs actions et passions, ainsi que l'ordre de la nature et la perfection de l'univers.

§ 98. *Principes ontologiques et cosmologiques de la Psychologie*

S'il faut enseigner (tradenda) *la Psychologie selon la méthode démonstrative, elle* [*doit*] *prendre ses principes dans la Cosmologie et l'Ontologie.* Nul ne peut nier qu'à l'âme revienne la force de se représenter l'univers en convenance avec les changements arrivant dans les organes sensoriels. J'ai découvert en méditant que ce concept peut être pris comme premier et que, à partir de lui, on peut rendre raison des autres facultés de l'esprit et des changements que l'on comprend grâce à elles. Puisque, toutefois, tu ne peux reconnaître distinctement cette force que si tu as vu avec netteté la notion de force en général à partir de l'Ontologie, et la doctrine générale du monde à partir de la Cosmologie (§ 73, 78), la Psychologie doit prendre ses principes dans la Cosmologie et l'Ontologie. Il appert du traitement même de la Psychologie qu'elle a besoin de nombreuses autres notions générales développées dans l'Ontologie (§ 73).

§ 99. *Ordre des parties de la Métaphysique*

En Métaphysique, l'Ontologie, ou philosophie première, garde la première place, la Cosmologie générale la deuxième, la Psychologie la troisième et enfin la Théologie naturelle la dernière. Il faut placer les parties de la Métaphysique dans un ordre tel que celles dans lesquelles les autres prennent leurs principes soient disposées avant (§ 87). C'est pourquoi, puisque la Théologie naturelle prend ses principes dans la Psychologie, la Cosmologie et l'Ontologie (§ 96), la Psychologie dans la Cosmologie générale et l'Ontologie (§ 98), et la Cosmologie dans l'Ontologie (§ 97), il est évident que l'on doit traiter l'Ontologie en premier lieu, la Cosmologie en deuxième, la Psychologie en troisième et enfin la Théologie naturelle en quatrième.

§ 100. *Pourquoi il faut disposer la Physique avant la Téléologie*

Il faut disposer la Physique avant la Téléologie. On démontre en Physique quelles sont les causes efficientes des choses naturelles, et dans la Téléologie quelles sont leurs raisons finales (§ 85). Le fait même nous enseigne que les raisons finales sont patentes uniquement lorsque les causes efficientes ont été vues avec netteté, de sorte que les principes des démonstrations téléologiques sont tirés de la Physique. C'est pourquoi, puisque doit précéder la partie de la philosophie à laquelle une autre emprunte ses principes (§ 87), il faut disposer la Physique avant la Téléologie.

§ 101. *Utilité de la Téléologie dans la connaissance de Dieu*

On confirme dans la Téléologie la connaissance de Dieu puisée dans la Théologie naturelle. Dans la Téléologie, on explique les fins des choses naturelles (§ 85). Ainsi, puisque la fin principale consiste en ce que l'on reconnaît le Dieu instaurateur à son œuvre, et, par suite, en ce que l'esprit s'élève à Dieu à partir de la considération des choses naturelles, ainsi qu'on l'a démontré dans la Théologie naturelle, on doit enseigner également dans la Téléologie de quelle façon on reconnaît Dieu à partir des choses naturelles. Puisqu'on confirme, au moyen des arguments tirés de là, les [choses] qui ont été démontrées au sujet de Dieu dans la Théologie naturelle, il est évident que, dans la Téléologie, on confirme la connaissance de Dieu puisée dans la Théologie naturelle.

La Téléologie a de ce fait une utilité très remarquable. En effet, plus l'esprit (*animus*) [est] confirmé dans la connaissance de Dieu, plus nous arrivons à être prompts à exécuter nos devoirs envers Dieu et surtout à illustrer sa gloire par toutes nos actions. C'est en cela d'ailleurs qu'on a posé le soutien le plus grand à tout genre de vertus. Ces [choses] seront patentes à partir du traitement de la philosophie pratique en son entier.

§ 102. *Pourquoi il faut la traiter après la Théologie naturelle*

Il faut traiter la Téléologie après la Théologie naturelle. Dans la Téléologie, on confirme la connaissance de Dieu puisée dans la Théologie naturelle (§ 101). On y suppose donc que non seulement nous possédons les notions des perfections divines mais encore que nous pouvons démontrer que les perfections de cette sorte conviennent à Dieu. C'est pourquoi, puisque cette connaissance se puise dans la Théologie naturelle (§ 57), il faut la traiter avant la Téléologie.

§ 103. *Avant quelles disciplines il faut disposer la philosophie pratique universelle ?*

Il faut disposer la philosophie pratique universelle avant l'Éthique, l'Économique et la Politique. La philosophie pratique universelle enseigne (*tradit*) la théorie et la pratique générales de la philosophie pratique (§ 70), par conséquent, l'Éthique, l'Économique et la Politique, parties spécifiques de la philosophie pratique (§ 62, 64, 65, 67), lui empruntent leurs principes. Or, l'ordre des parties de la philosophie est tel que précédent celles qui accordent à d'autres leurs principes (§ 87). C'est pourquoi il faut que la philosophie pratique universelle soit disposée avant l'Éthique, l'Économique et la Politique.

§ 104. *En quel lieu il faut traiter l'Éthique, l'Économique et la Politique*

Il faut disposer l'Éthique avant l'Économique, et l'Économique avant la Politique. À partir du traitement même de ces disciplines, il est patent que, en tant que principes, on suppose dans l'Économique des [choses] que l'on démontre dans l'Éthique, et, dans la Politique, des [choses] enseignées tantôt dans l'Éthique, tantôt dans l'Économique. Il est donc patent, de la même façon qu'auparavant, qu'il faut disposer l'Éthique avant l'Économique, et l'Économique avant la Politique (§ 87).

En quel lieu il faut traiter le Droit de la nature ?

Si tu sépares le Droit de la nature de l'Éthique, de l'Économique et de la Politique, puisque c'est là même qu'est contenue la théorie de ces disciplines (§ 68), et qu'il faut disposer la théorie, comme fondement de la pratique, avant cette dernière, ce dont personne ne doute, personne ne contestera que tu doives disposer le Droit de la nature avant l'Éthique, l'Économique et la Politique.

§ 105. *Pourquoi la philosophie pratique est à même d'être traitée après la Métaphysique*

On peut traiter la philosophie pratique aussitôt après la Métaphysique. De fait, la philosophie pratique tire avant tout de l'Ontologie, de la Psychologie et de la Théologie naturelle ses principes, à partir desquels elle démontre et sa pratique et sa théorie. Toutefois, les [choses] que l'on tire de la Physique peuvent être admises comme connues par l'expérience. Rien n'empêche donc que l'on traite la philosophie pratique aussitôt après la Métaphysique.

On ne peut certes nier que l'utilité de la Téléologie dans la pratique morale est grande (§ 101), partant, puisque celle-ci doit être traitée juste après la Physique (§ 100), il apparaît qu'il faut disposer la Physique avant la philosophie pratique. Assurément, les [choses] que l'on démontre au sujet de Dieu dans la Théologie naturelle suffisent aux démonstrations de la philosophie pratique. Toutefois, la Téléologie n'aide pas peu à ce que tu exécutes, par ton œuvre même, ce qu'on y a recommandé. D'ailleurs, afin qu'on puisse enseigner cette sienne utilité, il est préférable de l'enseigner (*tradi*) juste après la philosophie pratique.

§ 106. *Pourquoi la Physique est à même d'être enseignée* (tradi) *aussitôt après la Métaphysique*

On peut enseigner (tradi) *la Physique aussitôt après la Métaphysique*. Les disciplines principales, qui enferment les autres en leur sein, sont la Métaphysique, la Physique et la Philosophie pratique (§ 62 *sq.*, et § 59, 76 *sq.*). On a démontré plus haut que la Métaphysique doit précéder la Physique (§ 95). Puisque, toutefois, la Physique n'emprunte aucun principe à la Philosophie pratique, il n'est pas besoin de disposer celle-ci avant celle-là (§ 87). On peut donc l'enseigner (*tradi*) aussitôt après la Métaphysique.

Il est, par suite, équivalent (§ 105) de traiter la Physique ou la Philosophie pratique en premier lieu. Puisque, cependant, la Téléologie suppose des principes [extraits] de la philosophie pratique, qu'il faut, par suite, la traiter après cette dernière (§ 87), et que la Téléologie est une partie de la Physique (§ 85), il paraît plus judicieux d'enseigner (*tradatur*) la Physique en son entier juste après la Philosophie pratique, à moins que, par hasard, tu ne veuilles à la Métaphysique faire succéder le Droit naturel avec la Philosophie pratique universelle, et mettre l'Éthique et la Politique juste à la suite de la Physique, en tant que quelques-uns de ses dogmes peuvent y avoir une utilité, et que la Technologie, dépendante de la Physique (§ 71), est en mesure de fournir à la Politique quelques principes.

§ 107. *Définition et fondement de la Physique expérimentale*

Il faut, en Physique, rendre raison des [choses] qui peuvent se produire par les corps (§ 59, 31). Or, à partir des démonstrations de la Cosmologie générale, il est patent que nous ne pouvons pas parvenir aux raisons dernières, par conséquent qu'il faut nous contenter des [choses] dérivées des causes prochaines. Il faut donc tirer de l'expérience les principes à partir desquels on peut rendre raison d'autres [choses] qui se produisent; [choses] qu'il faut, puisqu'elles ne sont pas toujours patentes par des observations, mettre au jour par des expériences (*experimenta*). En outre, il faut confirmer au moyen d'expériences (*experimentis*) les [choses] démontrées en Physique (§ 34) et, de là, le degré intermédiaire entre les connaissances historique et philosophique étant acquis, la préparation à la science physique même doit se produire (§ 54). Donc, la partie de la philosophie qui établit les principes de la Physique par des expériences (*experimenta*) et y éclaire les [choses] à enseigner (*tradenda*) s'appelle *Physique expérimentale*. C'est pourquoi on définit la *Physique expérimentale* comme étant la science qui établit par des expériences (*experimenta*) les principes à partir desquels on rend raison des [choses] qui se produisent dans la nature (*natura rerum*).

Si on effectue des expériences (*experimenta*) en vue de confirmer les [choses] démontrées en Physique, on peut les mettre à la suite des démonstrations elles-mêmes. Du reste, on peut également étendre l'expérimentation à tout le reste de la philosophie, et, ainsi, la notion de *Philosophie expérimentale* finit par être plus vaste que lorsqu'on restreint ce nom, [comme cela est] courant, à la seule Physique expérimentale. Assurément, la Téléologie tient compte de la *Théologie expérimentale* dans la mesure où les [choses] démontrées au sujet de Dieu dans la Théologie naturelle sont confirmées dans la Téléologie à partir de la considération des œuvres de la nature. Il est également des expériences (*experimenta*) morales et politiques, il est vrai jusqu'ici négligées, mais qu'il nous faudra indiquer en leur lieu, afin que nous ne paraissions pas avoir soutenu ce qui est étranger à la vérité.

§ 108. *Quelle Physique se nomme dogmatique*

Aussitôt que la Physique expérimentale est introduite, le nom de Physique commence d'être général. C'est pourquoi, afin de distinguer la science qui a jadis reçu ce nom (§ 59) de la Physique expérimentale, on s'est accoutumé à appeler celle-là *Physique dogmatique*. Non qu'il soit toutefois besoin que nous définissions ici la Physique dogmatique ; en effet, sa définition est celle que nous avons enseignée (*tradidimus*) plus haut au sujet de la Physique (§ 59).

§ 109. *Pourquoi il faut disposer la Physique expérimentale avant la dogmatique*

Il faut disposer la Physique expérimentale avant la dogmatique. La Physique expérimentale procure des principes à la dogmatique, et elle prépare à la percevoir plus aisément et plus droitement (§ 107). C'est pourquoi, puisque, au seul titre qu'elle lui fournit ses principes (§ 87), il faut la disposer avant la dogmatique, il faudra d'autant plus la disposer avant qu'elle prépare également à ce que l'on en puise la science physique.

§ 110. *Ordre des expériences* (experimentorum)

Il faut agencer les expériences (experimenta) *dans un ordre tel que l'on puisse rendre raison des* [*choses*] *suivantes à partir des* [*choses*] *antérieures.* Que ces [choses] puissent se produire, je l'affirme pour en avoir fait l'expérience, fait que [se produit] ce qui couramment n'a pas coutume de se produire. Il est patent sans difficulté qu'il est judicieux que cela se produise ainsi. En effet, il faut disposer les expériences (*experimenta*) avant la Physique dogmatique afin d'établir, grâce à elles, des principes à partir desquels on puisse rendre raison des [choses] qui se produisent dans la nature (*natura rerum*) et afin d'être préparé à la Physique dogmatique, ou connaissance scientifique de la nature (§ 107). Si l'on agence les expériences dans un ordre tel que l'on puisse rendre raison des [choses] suivantes à partir des [choses] antérieures, non seulement on dérive des expériences (*experimentis*) les principes requis pour rendre raison des [choses] qui se produisent, mais on apprend encore l'application même de ces principes. On obtient donc l'une et l'autre des fins que nous visons par les expériences (*experimenta*). Qui douterait ainsi de ce qu'il faille agencer les expériences dans cet ordre ?

On écarte une objection

[Rien] ne s'oppose à ce que, de cette manière, on enseigne (*tradantur*) déjà dans la Physique expérimentale de nombreuses [choses] qui ont trait à la dogmatique. En effet, les [choses] que l'on explique dans la Physique expérimentale, on les laisse de côté dans la dogmatique. Le champ de la nature est très vaste, de sorte que, dans la Physique dogmatique, la matière à discuter ne manque pas. Il nous est toutefois indifférent que ce soit dans la Physique expérimentale ou dans la dogmatique que nous apprenions quelque thèse, pourvu que nous voyions qu'elle est vraie. Nous avons déjà vu plus haut (§ 107, Rem.) que l'on devait souvent enseigner (*tradi*) également dans la Physique dogmatique ce qui a trait à l'expérimentale. Lorsque la certitude de la connaissance, que nous aspirons en philosophie à acquérir complète (§ 33), nous tient à cœur, nous ne pouvons fixer de limites si étroites aux disciplines qu'il ne faille souvent enseigner (*tradenda*) dans l'une d'elles des [choses] qui relèvent d'une autre. La raison en sera patente à partir de la Logique : je l'assure pour avoir fait l'expérience de la chose même. Du reste, nous avons également constaté cet usage lorsque nous traitions la Physique expérimentale selon l'ordre que nous avons prescrit, afin de traiter sans confusion les parties de la physique, dont le nombre est énorme (§ 80 *sq.*). En effet, puisque dans l'une, il faut le plus souvent supposer les [choses] enseignées (*traduntur*) dans une autre, on enseigne (*traduntur*) convenablement dans la Physique expérimentale les principes que se fournissent mutuellement les différentes parties. On obtient ainsi, à l'aide de la Physique expérimentale, de pouvoir traiter isolément les parties de la physique dogmatique selon la méthode démonstrative, et de ne pas avoir à supposer dans l'une les [choses] démontrées plus tard dans l'autre ; même si cela ne répugne absolument pas à la méthode démonstrative, pourvu que les [choses] supposées dans quelque démonstration à partir des conséquentes soient, au même endroit, démontrées indépendamment de la proposition dans la démonstration de laquelle elles entrent. Il est cependant besoin d'une grande circonspection, tant pour le professeur, afin qu'il ne commette pas de cercle en démontrant, que pour l'élève lui-même, afin de le rendre certain qu'aucun cercle n'a été commis. Au vrai, nous serons libérés de ce soin dès que nous aurons établi dans la Physique expérimentale les [choses] qu'il faut tirer d'autres parties non encore traitées.

§ 111. *Fondement et définition de la Psychologie empirique*

Dans la Psychologie, il faut rendre raison des [choses] qui sont possibles par l'âme humaine (§ 58, 31). Puisqu'on tire de la Psychologie les principes des démonstrations tant pour la Logique (§ 89) et l'art d'inventer (§ 74) que, également, pour la philosophie pratique (§ 92), et que la certitude de ces disciplines, en tant que directrices des actions de l'homme, doit nous tenir à cœur au plus haut point, et comme la raison spéciale vient encore s'ajouter à la générale (§ 33), il est judicieux, en Psychologie également, de fixer par l'expérience (*experientiam*) des principes si importants (§ 34) et de les agencer, de même qu'en Physique expérimentale (§ 110), dans un ordre tel que la raison des [choses] suivantes soit patente grâce aux antécédentes. C'est donc la raison pour laquelle nous avons fait de la *Psychologie empirique* une partie de la philosophie dans laquelle on établit par l'expérience (*experientiam*) les principes à partir desquels on peut rendre raison des [choses] qui peuvent se produire par l'âme humaine. Par suite, je définis la *Psychologie empirique* comme étant la science qui établit par l'expérience (*experientiam*) les principes à partir desquels on rend raison des [choses] qui se produisent dans l'âme humaine.

De là, il est patent que la Psychologie empirique correspond à la Physique expérimentale et, par suite, qu'elle relève de la philosophie expérimentale. Il est en outre patent que la Psychologie empirique, de même que la Physique expérimentale traitée à notre façon (§ 110), n'est pas une partie de l'histoire ; en effet, non seulement on passe en revue les [choses] que l'on observe au sujet de l'âme, mais encore on forme à partir de là les notions des facultés et des habiletés, on établit d'autres principes, et, qui plus est, on rend raison de plusieurs [choses] qui ont de toute façon trait à la connaissance philosophique

(§ 6) et qu'on ne peut nullement ramener à la seule connaissance historique (§ 3).

§ 112. *Quelle psychologie se nomme rationnelle*

Après avoir commencé à distinguer la Psychologie empirique de la partie de la philosophie que nous avons définie plus haut (§ 58) sous le nom de Psychologie, nous avons donné à celle-ci le nom de *Psychologie rationnelle*. Il n'est donc pas besoin que nous instaurions ici une nouvelle définition de la *Psychologie rationnelle*.

Dans la Psychologie rationnelle, nous dérivons *a priori* du seul concept d'âme humaine toutes les [choses] que l'on observe *a posteriori* en relever, et que l'on déduit à partir de certaines [choses] observées, comme cela sied au Philosophe (§ 46). Puisqu'un moderne a osé s'opposer à l'opinion préjugée, et que la plupart [n']admettent au début les nouveautés [qu']avec peine, ce fut la raison au plus haut point prégnante pour laquelle j'ai discerné la Psychologie rationnelle d'avec l'empirique, afin que l'on ne rejetât pas indifféremment les [choses] psychologiques. De fait, la théorie et la pratique morales et, qui plus est, politiques s'appuient sur des principes psychologiques, et nous, qui tenons compte de la méthode démonstrative, les déduisons. La philosophie pratique est au plus haut point importante ; les [choses] qui sont au plus haut point importantes, nous ne voulons pas les bâtir sur des principes tels qu'ils soient appelés à être débattus. À cause de cela, nous ne bâtissons les vérités de la philosophie pratique que sur des principes établis avec évidence, dans la Psychologie empirique, par l'expérience (*experientiam*). En effet, nous jugeons que le principal profit de la philosophie [est] une vertu sincère. Ainsi, nous prenons garde à ne pas nous poser nous-mêmes d'obstacles à la fin que nous visons. Nous ne laissons rien de côté que nous ne puissions apporter afin que l'évidence soit en accord avec la vérité.

§ 113. *Principes de la Technologie*

La Technologie emprunte ses principes à la Physique, surtout expérimentale. Dans la Technologie, il faut rendre raison des [choses] faites par l'art (§ 71). L'art a à faire aux corps naturels dont il faut tirer la connaissance de la Physique (§ 59). Ainsi, celui qui veut rendre raison des [choses] qui se produisent par l'art doit recourir à la Physique. En outre, il se rencontre dans l'art un grand appareillage d'instruments sur la structure et l'usage desquels on doit porter un jugement à partir de principes mécaniques. Dans la Physique expérimentale, on fait clairement voir ces principes et on les confirme par des expériences (*experimenta*), de sorte que ceux qui sont ignorants des mathématiques soient néanmoins amenés à les connaître (*notitiam*). Ainsi, celui qui veut rendre raison des [choses] qui se produisent par l'art doit recourir à la Physique expérimentale. En outre, la Physique expérimentale établit les principes physiques dont il est besoin dans l'explication des [choses] qui se produisent par l'art, de même que dans l'explication de celles qui se produisent dans la nature (*rerum natura*). Par suite, il est évident que la Technologie emprunte ses principes à la Physique, surtout expérimentale.

On ramène également à la Technologie l'Architecture civile quand on la traite à la façon d'une science, comme nous l'avons fait (§ 71, Rem.). Assurément, celui qui ouvre les éléments d'Architecture civile [1] que nous avons enseignés (*tradita*) y reconnaît l'utilité des principes physiques.

---

1. *Elementa architecturae civilis*, contenus dans les *Elementa matheseos universae*, vol. IV, *GW* II, 32, p. 383-488.

§ 114. *Pourquoi il faut disposer la Technologie après la Physique*

Il faut traiter la Technologie après la Physique. La Technologie emprunte ses principes à la Physique, tantôt dogmatique, tantôt expérimentale (§ 113). C'est pourquoi, puisqu'il faut traiter les parties de la philosophie dans un ordre tel que précédent celles auxquelles d'autres empruntent leurs principes (§ 87), il faut à tout prix traiter la Technologie juste après la Physique.

Puisque les arts sont multiples, il appert, même si je ne le rappelle pas, que la Technologie se décline en autant de parties qu'il est d'arts, à moins qu'il ne soit plus judicieux de fixer quelques genres d'arts et de multiplier les parties de la Technologie en fonction du nombre de genres, afin que leur nombre ne croisse pas outre mesure. Assurément, il n'est pas même permis d'en dire à présent des [choses] plus spécifiques ; en effet, nous ne possédons pas jusqu'ici d'histoire précise des arts, telle qu'on la suppose dans l'usage de la science : il y a donc d'autant moins à discourir de ces [choses] qu'elles supposent la science déjà connue et vue avec netteté.

CHAPITRE IV

DE LA MÉTHODE PHILOSOPHIQUE

§ 115. *Définition de la Méthode philosophique*

Par *Méthode philosophique*, j'entends l'ordre que doit employer le philosophe dans l'enseignement (*tradendis*) des dogmes.

C'est la méthode à observer pour chaque partie de la philosophie, par conséquent cet ordre est différent de celui que nous avons démontré au chapitre précédent à propos de l'ensemble des disciplines. Ainsi, de même que nous montrons là de quelle manière il faut ordonner l'ensemble des disciplines, nous enseignons ici de quelle façon il convient d'ordonner les dogmes dans chaque discipline. Certes, c'est dans la Logique, où nous allons démontrer son usage dans l'enseignement (*tradendis*) des disciplines, que nous présenterons cette méthode ; toutefois, rien n'empêche que, en ce lieu, nous présentions publiquement sur cette affaire plusieurs [choses] que l'on peut comprendre sans une grande connaissance (*notitia*) de la Logique.

§ 116. *Pourquoi il faut expliquer tous les termes*

En philosophie, il ne faut pas utiliser de termes qui n'aient été expliqués au moyen d'une définition précise. Si, en philosophie, nous n'employons pas de termes qui n'aient été expliqués au moyen d'une définition précise, c'est que le sens de chaque proposition est manifeste. Assurément, puisque la philosophie est une science (§ 29), il faut démontrer les [choses] qu'on y affirme, quelles qu'elles soient (§ 30). Or, puisqu'il est par soi patent qu'on ne peut démontrer de thèse avant que son sens ne soit certain, le sens de toutes les propositions philosophiques doit être certain, par conséquent, il ne faut pas utiliser de termes qui n'aient été expliqués au moyen d'une définition précise.

Si nous utilisons des termes soit qui n'ont pas été du tout expliqués, soit que nous avons exposés par une définition moins précise, leur signification est soit tout à fait obscure, soit du moins ambiguë, de sorte que, dans le premier cas, on ne comprendra pas du tout la proposition dans laquelle entre un terme de cette sorte, dans le second, le terme est d'interprétation douteuse. Toutefois, j'estime qu'il est manifeste pour quelqu'un d'attentif que cela ne peut pas être en accord avec la certitude complète à laquelle il faut aspirer en Philosophie (§ 33). Il ne pourra guère non plus se produire que nous appliquions sans erreur aux cas obvies des propositions dont nous ne voyons pas le sens comme certain, ou dont le sens est dans une large mesure vague et indéterminé. Nous fait alors défaut le profit de la philosophie, que l'on apprend dans l'usage des sciences et de la vie. Puisque c'est ce profit que nous visons avant tout, nous avons également à cœur les définitions précises des termes. Toutefois, quelles définitions sont précises, nous l'enseignons dans la Logique.

§ 117. *De quelle sorte doivent être les principes de la philosophie*

En philosophie, il ne faut pas utiliser de principes qui n'aient été suffisamment prouvés. Puisque la philosophie est une science (§ 29), on doit inférer les [choses] qu'on y a soutenues par une conséquence légitime à partir de principes certains et immuables (§ 30). Et si les principes n'ont pas encore été suffisamment prouvés, nous ne verrons pas leur vérité avec certitude. Ils nous sont incertains. Et puisqu'il peut se produire que le doute s'insinue en nous, nous pouvons parfois balancer au sujet de leur vérité, partant, ils ne sont pas immuables. Mais ceci est en contradiction avec ce que nous avons démontré à l'instant. Ainsi, il est patent qu'il ne faut pas utiliser de principes qui n'aient été suffisamment prouvés.

Si nous donnons une place à des principes qui n'ont pas été suffisamment prouvés, nous chassons toute certitude de la philosophie. En effet, il sera patent dans la Logique que la certitude inhérente à la proposition n'est pas plus grande que celle que l'on saisit dans les principes au moyen desquels on la prouve. Et quand tu t'enquerras [de la question de savoir] si jamais le principe est suffisamment prouvé, c'est la Logique qui satisfera à cette question. En effet, on y enseigne tantôt de quelle façon on établit des principes certains par l'expérience (*experientiam*), tantôt de quelle façon on les tire au jour par des raisonnements.

§ 118. *Quelles propositions il faut admettre en philosophie*

En philosophie, il ne faut admettre aucune proposition qui n'ait été légitimement déduite de principes suffisamment prouvés. La philosophie est une science (§ 29) et, par suite, on doit inférer ses propositions par une conséquence légitime à partir de principes certains et immuables (§ 30). Ainsi, on ne peut admettre aucune proposition qui n'ait été légitimement déduite à partir de principes posés auparavant, c'est-à-dire de principes suffisamment prouvés, puisqu'en philosophie il ne faut utiliser de principes que de cette sorte (§ 117).

On ne pourvoit pas à la certitude à laquelle nous aspirons en philosophie (§ 33) seulement par des principes, s'ils sont suffisamment prouvés (§ 117), mais encore par les démonstrations des propositions, à savoir quand les conclusions sont déduites des principes au moyen d'une conséquence légitime (voir le présent §). Toutefois, c'est dans la Logique qu'on enseigne de quelle façon on déduit les conclusions à partir des principes au moyen d'une conséquence légitime.

§ 119. *Ordre des définitions*

En philosophie, on doit expliquer les termes qui entrent dans les définitions subséquentes par les antécédentes. Deux cas peuvent se rencontrer : en effet, soit on n'explique pas du tout les termes qui entrent dans les définitions, soit on les explique plus tard dans les définitions subséquentes. Le premier cas relève du cas plus général, lorsque nous utilisons des termes qui n'ont pas été assez expliqués ; de fait, il est indifférent que cela arrive dans les définitions ou dans les propositions. Nous avons déjà démontré précédemment (§ 116) qu'il n'était pas permis d'utiliser des termes insuffisamment expliqués, partant qu'il l'est bien moins de termes qui ne sont pas du tout expliqués. La présente proposition concerne alors avant tout le second cas, où on explique plus tard, dans les définitions postérieures, les termes qui entrent dans les définitions antérieures. Que le contraire doive se produire, nous le démontrons de cette manière : en philosophie, il faut aspirer à la certitude complète, de façon que rien ne nous reste douteux (§ 33). Et si, dans une définition, nous utilisons un terme non encore expliqué, nous hésitons sur son vrai sens si bien que nous ne pouvons pas pleinement la comprendre. C'est pourquoi, puisque cela s'oppose à la certitude, il ne faut pas utiliser de termes qui n'aient déjà été expliqués dans les définitions antérieures. Or, même si on lève cet obstacle, lorsqu'on explique dans les définitions subséquentes les termes qui entrent dans les précédentes, avoir à s'enquérir, par un fastidieux labeur, si d'aventure on n'a pas commis un cercle vicieux est cependant malaisé. C'est pourquoi, puisque de là peut à nouveau poindre chez le lecteur un doute s'opposant à la certitude qui doit être présente (*ibid.*), et que, du moins, [on ne doit pas] sans nécessité urgente engendrer le dégoût de chercher un cercle vicieux, personne, assurément, ne niera que, en tout cas, il soit préférable d'avoir déjà expliqué les termes entrant dans les définitions subséquentes dans les antécédentes.

De là est patent l'ordre des définitions, et tu comprends en même temps que lorsque tu prends soin de ne [rien] admettre qu'on puisse à juste titre te reprocher, tu ne dois pas être indifférent au lieu, quel qu'il soit, où les définitions sont placées.

§ 120. *Ordre des propositions*

En philosophie, on doit démontrer les propositions dans lesquelles entrent les démonstrations des propositions subsé-quentes dans les antécédentes. Ici aussi, il est deux cas. En effet, dans la démonstration, nous utilisons en tant que princi-pes des propositions qui soit ne sont pas tout à fait démontrées, soit seront démontrées plus tard dans les subséquentes. À la présente proposition n'a pas trait ici le premier cas : nous en avons déjà parlé précédemment (§ 117). C'est donc pour le second cas qu'il faut entendre la présente proposition. Nous établissons (*evincimus*) sa vérité ainsi : en philosophie, il faut aspirer à la certitude complète de sorte qu'absolument rien de douteux ne subsiste (§ 33). Et si la proposition qui n'a pas encore été démontrée dans les propositions antérieures entre en tant que principe dans une démonstration, le doute subsiste en nous [de savoir] si elle est vraie ou non, partant, la même proposition dans la démonstration de laquelle entre le principe douteux demeure également douteuse et incertaine. C'est pourquoi, puisque cela répugne à la certitude complète, dont nous avons démontré qu'elle doit être présente, il faut démontrer dans les propositions antérieures celles qui entreront en tant que principes dans les démonstrations des postérieures. Or, même si nous levons l'obstacle lorsque nous démontrons dans les subséquentes les propositions que nous avons supposées vraies dans les antécédentes, avoir à s'enquérir, par un fastidieux labeur, si d'aventure nous n'avons pas admis un cercle vicieux demeure malaisé. C'est pourquoi, puisque de là peut à nouveau poindre chez le lecteur un doute s'opposant à l'évidence qui doit être présente (§ 33), et que, du moins, [on ne doit pas] sans nécessité engendrer le dégoût d'examiner les démonstrations des propositions qui entrent dans celle que, en attendant, nous avons admise dans les antérieures comme étant à démontrer plus tard afin que s'évanouisse toute crainte de cercle dans la démonstration, qui, je vous le demande, contestera qu'il faille démontrer dans les antérieures les propositions qui entrent dans les démonstrations des subséquentes ?

De là est patent l'ordre des propositions et tu comprends en même temps que n'est pas indifférent le lieu, quel qu'il soit, où quelque proposition voit le jour lorsqu'il te tient à cœur d'accomplir toutes les tâches du philosophe afin que personne ne puisse à bon droit te reprocher quoi que ce soit. Pourquoi, dans ce discours préliminaire, il ne peut se produire en aucune manière que nous satisfassions en totalité à l'ordre des définitions et des propositions, nous l'avons dit ci-dessus (§ 30, Rem).

§ 121. *Forme des propositions philosophiques*

Dans les propositions philosophiques, il faut déterminer avec précision la condition à laquelle le prédicat convient au sujet, c'est-à-dire à laquelle on affirme ou nie quelque [*chose*] *de quelque chose.* En philosophie, il faut rendre raison de ce pourquoi des possibles peuvent acquérir l'acte (§ 31), partant de ce pourquoi on doit affirmer ou nier quelque [chose] de quelque chose. Et si donc la raison pour laquelle le prédicat convient à son sujet est contenue soit dans la définition, soit dans quelque condition, le philosophe doit montrer de quelle manière le prédicat convient au sujet, en vertu soit de cette définition, soit de cette condition. C'est pourquoi il doit exprimer la proposition de sorte qu'apparaisse de manière limpide si c'est en vertu soit de la définition, soit de quelque condition, qu'on lui attribue le prédicat et, par conséquent, il faut déterminer la condition avec précision, [à savoir] si ce n'est qu'en vertu de la définition, partant absolument, qu'il lui revient. On peut encore démontrer la même proposition d'une autre manière. Si on n'exprime pas avec précision dans la proposition la condition à laquelle le prédicat convient au sujet, il te demeure douteux si le prédicat convient au sujet absolument, c'est-à-dire dans tout état ; ou si c'est seulement à une certaine condition, c'est-à-dire dans quelque état qu'il le fait, et tu perçois d'autant moins nettement dans quel état il te faut le lui attribuer. Celui qui, dans le doute, persiste dans cette ignorance n'atteint pas à la connaissance certaine et aspire d'autant moins à la certitude complète, ce qui répugne à la notion de philosophie (§ 33).

Il ne peut d'ailleurs nullement se produire qu'on démontre quelque proposition tant que l'on ignore si c'est absolument ou à quelque condition que le prédicat convient au sujet, et, dans le second cas, tant qu'on ne détermine pas avec précision cette condition. De fait, dans le premier cas, le raisonnement débute par la définition ou par les [choses] qui s'ensuivent nécessairement et que l'on a déjà déduites antérieurement ; dans le second cas, nous partons de la condition, par laquelle on détermine le sujet. Mais on comprendra pleinement ces [choses] dès qu'on aura vu avec suffisamment de netteté la doctrine logique de la démonstration et que, de même, on aura fini par traiter plus clairement, grâce à la Logique, la démonstration du théorème elle-même.

§ 122. *Utilité* (utilitas) *de la forme authentique des propositions*

Les propositions philosophiques dans lesquelles on détermine avec précision la condition à laquelle on attribue le prédicat au sujet sont utiles tant à la science qu'à la vie. Dans la science, lorsque nous voulons démontrer des propositions, nous utilisons des propositions pour raisonner. C'est pourquoi, si la condition à laquelle on attribue le prédicat au sujet s'est fait connaître de nous, nous n'utilisons jamais cette proposition en tant que principe du raisonnement que lorsque nous comprenons que cette condition est présente soit en vertu des assomptions, soit en vertu des [choses] démontrées. Et ainsi, il est permis d'inférer, en vertu des propositions connues auparavant, d'autres propositions que nous n'avons pas encore vues avec netteté. Et, par suite, sont utiles pour la science les propositions dans lesquelles on détermine avec précision la condition à laquelle on attribue le prédicat au sujet. Dans la vie, nous utilisons des propositions lorsque nous voulons juger des choses obvies. Et donc, si tu y as exprimé avec précision la

condition à laquelle tu attribues le prédicat au sujet, tu n'attri-
bueras jamais le prédicat à la chose obvie que lorsque tu auras
compris que cette condition était présente. D'ailleurs, si c'est
la définition qui est en lieu et place de la condition, on reconnaît le sujet obvie à partir d'une définition précise, enseignée
(*tradita*) en philosophie (§ 116), partant, on n'attribue le
prédicat qu'à la [chose] à laquelle revient la définition. Ainsi,
nous jugeons des choses obvies à partir du vrai.

On peut ici comparer cela avec les [choses] que nous avons
rappelées plus haut (§ 41) au sujet de l'application plus certaine de
la connaissance philosophique que de celle de la connaissance
historique. Or on aperçoit aisément que si, dans les propositions, on
n'exprime pas avec précision la condition à laquelle le prédicat
convient au sujet, on les applique par erreur, tant dans la science que
dans la vie. Il n'est pas ici besoin d'une démonstration laborieuse par
laquelle on l'établisse (*evincatur*). L'expérience nous en fournit un
très grand nombre d'exemples. Et c'est la raison pour laquelle l'erreur
est si fréquente dans les jugements. Or, puisque, dans la vie, les jugements influent sur la détermination de nos actions, la négligence des
propositions exactes prépare à bien des préjudices. Par suite, ceux qui
réduisent les propositions à leur forme authentique méritent le plus du
genre humain.

§ 123. *Matière de la démonstration*

*Dans les démonstrations ne doivent pas être contenues
plus de [choses] que celles qui suffisent au lecteur connaissant les [choses] précédentes pour se remettre en mémoire les
autres [choses] requises pour parfaire le raisonnement.*
Puisque, dans la philosophie traitée selon la méthode précise,
on comprend et démontre les [choses] suivantes par les précédentes (§ 119, 120), ne doit lire les [choses] suivantes que celui
qui connaît les [choses] précédentes. Et si donc les [choses]

posées dans la démonstration suffisent au lecteur connaissant les [choses] précédentes pour se remettre en mémoire les autres [choses] requises pour parfaire les raisonnements par lesquels il s'acquitte de la démonstration, l'esprit (*animo*) peut concevoir la démonstration parachevée et parfaite dans tous ses éléments (*numeris*), et il n'est alors pas requis qu'on y ajoute plus de [choses].

Le philosophe suppose un lecteur qui satisfait à sa fonction. Toutefois, si quelqu'un souffre de manquer d'ardeur dans l'étude de la philosophie, qu'il s'attribue [la responsabilité] de ce que les [choses] supposées à juste titre ne lui reviennent pas spontanément en mémoire. Et si quelqu'un était d'un esprit (*ingenii*) trop émoussé pour pouvoir concevoir une vérité philosophique, nous lui commandons de se tenir tout à fait à l'écart de l'étude philosophique. Qu'il se contente de la connaissance historique de la philosophie (§ 50) ou qu'il en reste au degré moyen entre les connaissances philosophique et historique (§ 54), ce qui peut lui suffire à l'usage de la vie (§ 51).

§ 124. *Ordre de la démonstration*

Dans une démonstration, on doit placer chaque proposition selon l'ordre où elle vient à l'esprit (animum) *concevant la démonstration.* Dans la Logique (§ 551 *sq.*)[1], nous montrerons que toute démonstration se compose de quelque nombre déterminé de raisonnements qu'il faut relier entre eux d'une certaine manière, si bien que les conclusions des syllogismes fournissent les prémisses des syllogismes subséquents. De là, on verra que toutes les propositions doivent venir selon un certain ordre à l'esprit (*animum*) de celui qui va concevoir

1. *Philosophia rationalis sive Logica pars II*, première édition en 1728 (*GW* II, 1.2, p. 412 *sq.*).

la démonstration lorsqu'il veut concevoir distinctement la démonstration; puisque cela est nécessaire à la connaissance certaine à laquelle nous aspirons en philosophie (§ 33), qui osera nier que l'on doive placer les propositions selon l'ordre dans lequel elles doivent venir à l'esprit (*animum*) lors de la conception de la démonstration puisqu'il n'est absolument aucune raison [pour suivre] un autre ordre ?

Je ne nie pas que, dans les démonstrations mathématiques elles-mêmes, cet ordre ne soit très souvent perturbé, mais je nie que cela se produise pour une raison dérivée de la notion de démonstration. Les [choses] qui se produisent par inadvertance ou pour d'autres raisons extrinsèques sont des fourvoiements par rapport à la règle, et on ne peut en aucune manière les tenir pour la règle elle-même.

§ 125. *Pourquoi il faut distinguer les [choses] probables des [choses] certaines*

Si on ne peut démontrer les [choses] utiles à connaître, il faut établir (adstruenda) *leur probabilité d'une manière convenable et bien distinguer les [choses] probables elles-mêmes des [choses] certaines.* Puisqu'il faut, en philosophie, aspirer à la certitude complète (§ 33) et que les [choses] seulement probables s'écartent encore de la certitude, personne ne peut nier que l'on doive distinguer les [choses] probables des [choses] certaines. On le montre encore d'une autre façon. Il ne faut pas, en philosophie, admettre de principes qui n'aient été suffisamment prouvés (§ 117), ni y recevoir de propositions qui n'aient été démontrées (§ 118). C'est pourquoi, s'il [est] des [choses] utiles à connaître, étant donné, par exemple, que nous ne pouvons pas nous passer de leur connaissance dans la vie et qu'il nous est impossible de parvenir à une connaissance certaine, il faut admettre les [choses] probables en philosophie à cause de leur seule utilité, jusqu'à ce qu'on obtienne une connaissance certaine, et en tout cas les distinguer des [choses] certaines. Assurément, puisque nous enseignerons dans la Logique (§ 579)[1] que le degré de probabilité n'est pas [toujours] le même, et que sa connaissance (*notitiam*) dépend de la façon dont est établi (*adstruitur*) l'énoncé probable, de sorte qu'on soit à même de juger du degré de probabilité et qu'on comprenne les [choses] qui manquent encore pour [arriver] à la connaissance certaine, par quoi l'on peut penser à suppléer le manque, il faut en tout cas établir (*adstruenda*) la probabilité de manière convenable, à savoir de la manière dont on le démontrera dans la Logique (§ 580 *sq.*)[2].

En philosophie, on admet avant tout les [choses] probables à cause de leur usage pour la vie, et il est également quelque raison pour laquelle il faut les admettre à l'usage même de la science, à savoir en tant qu'on ne peut obtenir de connaissance certaine sans connaissance probable préalable. Puisque la seconde raison est moins patente que la première, il faut donc que nous proposions plus distinctement certaines [choses].

§ 126. *Définition de l'Hypothèse philosophique*

Si on admet des [choses] en philosophie parce qu'on peut rendre raison grâce à elles de certains phénomènes, même si on ne peut démontrer que la vraie raison y est contenue, elles constituent une hypothèse philosophique. Ainsi, je définis l'*Hypothèse philosophique* comme la supposition de [choses] dont on ne peut pas encore démontrer qu'elles sont, [en faisant] comme si elles étaient, en vue de rendre une raison.

---

1. *Op. cit.*, p. 437.
2. *Op. cit.*, p. 437 *sq.*

Par exemple, si, en Astronomie, en vue [de penser] le mouvement premier, quelqu'un admet le repos de la terre au centre du monde et le mouvement du ciel autour d'elle d'est en ouest, on appelle cette supposition une *hypothèse* et, en particulier, on l'appelle *l'Hypothèse d'une terre en repos*.

§ 127. *Quelle place il faut que tiennent les hypothèses philosophiques*

En philosophie, il faut concéder une place aux hypothèses philosophiques en tant qu'elles ouvrent la voie à la découverte (inveniendam) *de la limpide vérité*. Dans les hypothèses philosophiques, nous admettons certaines [choses] dont on ne voit pas qu'elles sont, [en faisant] comme si elles étaient, parce que, de là, il est permis de rendre raison des [choses] que nous observons se produire (§ 126). Et si l'on en déduit plus de [choses] que ce que nous avons observé, nous avons dès lors l'opportunité, soit d'observer, soit de dévoiler par des expériences des [choses] auxquelles, il est vrai, nous n'aurions pas pensé autrement, si bien que nous finissons par être plus certains [quant à savoir] si certaines [choses] en découlent qui répugnent à l'expérience. De fait, si on en tire des [choses] contraires à l'expérience, la fausseté de l'hypothèse apparaît, mais si on les saisit comme lui étant conformes, sa probabilité croît. Ici, on ouvre donc la voie à la découverte (*inveniendam*) de la limpide vérité. Assurément, lorsque nous voyons qu'à partir des suppositions nous pouvons rendre raison des [choses] que nous observons se produire, nous avons en outre l'opportunité de rechercher dans les [choses] que nous admettons si, effectivement, une raison y est contenue. Par où l'on ouvre de nouveau la voie pour parvenir à la limpide vérité.

Depuis de nombreux siècles, l'Astronomie nous a procuré des exemples, notamment dans sa partie théorique. En effet, puisqu'il ne pouvait se produire que l'on recherche avec soin dès la toute première origine la vraie théorie du mouvement des planètes, les Astronomes ont instauré des hypothèses dont ils ont dérivé les raisons des mouvements célestes. De ces hypothèses, ils ont tiré des [choses] qu'ils ont comparées avec leurs observations. De là, ils sont tombés sur l'opportunité de penser à des observations qui, autrement, ne leur seraient jamais venues à l'esprit et de corriger, de plus en plus et continûment, leurs hypothèses jusqu'à ce qu'enfin il leur fût donné de regarder plus proprement la vérité. Selon mon jugement, en philosophie, nous n'imitons pas mal les Astronomes chaque fois que se rencontrent des cas dans lesquels on jette les fondements de la soigneuse recherche de la vérité en conjecturant. Même l'Arithmétique, qui, la première, m'a porté à juger moins durement des hypothèses philosophiques, nous fournit un exemple de cette chose. De fait, puisque dans la division par un diviseur composé à l'aide d'un abaque Pythagoricien [1], on ne peut découvrir (*invenirí*) le vrai quotient partiel, on admet à la façon d'une hypothèse philosophique que le diviseur en son entier est contenu dans les chiffres du dividende qui lui correspondent autant de fois que le premier chiffre du diviseur est contenu dans le premier chiffre du dividende qui lui correspond. En effet, l'examen entrepris, nous saisissons si l'hypothèse trompe et, lorsqu'il arrive qu'elle trompe, nous la corrigeons jusqu'à ce qu'elle s'accorde avec la vérité. Cependant, nous n'approuvons pas pour autant indifféremment toutes les *hypothèses* mais plutôt faisons connaître comme *inauthentiques* celles dont on ne peut tirer selon une conséquence

---

1. Les *Élémens d'arithmétique* du *Cours de mathématique*, tome premier, p. 20, en explicite la nature : cet abaque, ici appelé « *quarré de Pithagore* » ou « *Livret* », est « une table où les produits des 9 premiers chiffres multipliés par eux-mêmes, sont marqués ». Dans son *Mathematisches Lexicon*, *GW* I, 11, col. 1, Wolff en donnait une définition identique, et dans les *Elementa arithmeticae*, au § 109, un guide de construction (*Elementa matheseos universae*, volume I, *GW* II, 29, p. 43).

nécessaire les [choses] en vue de quoi on les suppose (*assumuntur*). Et nous approuvons d'autant moins l'entreprise de ceux qui, en philosophie, n'avancent pas au-delà des hypothèses; en effet, cela répugne à la notion de la philosophie que, nous, nous possédons (§ 29) et à la certitude complète à laquelle nous aspirons en philosophie (§ 33). Nous pesons chaque [chose] sur la juste balance de l'esprit et assignons à chacune sa valeur.

§ 128. *De quelle façon se garder de l'abus des hypothèses*

Les hypothèses ne doivent pas entrer en tant que principes dans la démonstration des propositions admises comme dogmes en philosophie. Les hypothèses philosophiques admettent ce dont on ne peut pas encore prouver qu'il est ainsi (§ 126), par conséquent, elles s'écartent encore beaucoup de la certitude. C'est pourquoi, si tu les utilises en tant que principes dans la démonstration des propositions admises comme dogmes en philosophie, tu utilises des principes incertains pour asseoir des dogmes; puisque cela est étranger à la discussion philosophique (§ 117), il ne te faut accorder aucune place aux hypothèses dans la démonstration des propositions.

Par exemple, même si l'hypothèse *Leibnizienne* du commerce entre l'âme et le corps remporte la palme sur les autres, nous ne l'employons toutefois pas dans les démonstrations morales et politiques afin de ne pas abandonner à des flots incertains des vérités importantes qui sont d'une rare utilité dans la vie. En revanche, lorsque le Philosophe explique grâce à cette hypothèse les [choses] qui ont trait au commerce intervenant entre l'âme et le corps, il ne lui accorde pas d'autre place que celle que nous avons revendiquée pour les hypothèses philosophiques (§ 127). Pareillement, nous n'approuvons pas que quelqu'un cherche à démontrer l'existence de Dieu à partir d'hypothèses philosophiques, à moins qu'il ne le fasse afin d'écarter de quelque hypothèse le soupçon d'impiété. En effet, on a coutume d'accuser couramment d'impiété les hypothèses philosophiques avant de les recevoir par un commun assentiment ; ce qu'atteste l'histoire de tous les siècles.

§ 129. *Quelle est la place d'une hypothèse* *encore incertaine*

Si on ne voit pas encore, à partir des [choses] *posées précédemment, que quelque hypothèse prévaut dans la nature* (natura rerum) *mais que, à partir de celles-là, on peut démontrer certaines* [choses] *dans celle-ci, rien ne s'oppose à ce qu'on apporte une démonstration.* L'ordre des propositions en Philosophie doit être tel qu'à chacune appartienne la place d'où on peut la démontrer à partir des antécédentes (§ 120). C'est pourquoi, si, dans quelque hypothèse, on peut démontrer certaines [choses] à partir des propositions précédentes, il faut y enseigner (*tradenda*) leur démonstration, d'autant qu'elle est plus aisée à comprendre que ses principes sont encore fraîchement en mémoire. Et, même si on ne voit pas encore, grâce aux [propositions] précédentes, qu'une hypothèse prévaut dans la nature (*natura rerum*), rien de dangereux n'est toutefois à craindre, puisque, dans une hypothèse donnée, on n'applique les [choses] démontrées que lorsque nous découvrons qu'elle prévaut. Et si nous saisissons qu'elle [est] tout à fait impossible, nous nions cela même qui y a été démontré. Et ainsi, une proposition hypothétique a son utilité pour réfuter l'erreur. Rien ne s'oppose donc à ce que l'on démontre les [choses] qui s'ensuivent de quelque hypothèse là où des principes suffisants sont présents, même si on ne voit pas encore si cette hypothèse est possible, bien plus, même si nous saisissons, grâce aux [choses] suivantes, qu'elle est impossible.

Par exemple, même si, dans l'Ontologie, on ne peut pas encore démontrer que ce que l'on nomme proprement l'étant simple, dénué de toute partie, existe ou, du moins, est possible, cela ne s'oppose toutefois pas à ce que l'on y démontre les [choses] qui s'ensuivent de la notion d'étant simple. Puisque, en effet, celui qui entre dans le droit chemin du raisonnement n'attribue à aucun étant les [choses] qui s'ensuivent de la notion d'étant simple que lorsqu'il a reconnu que celui-ci était dépourvu de toute partie, et que, au sujet des autres, dont il comprend qu'ils se composent de parties, il les nie, rien de dangereux ne serait dès lors à craindre, quand bien même il n'y aurait aucun étant simple, quand bien même, bien plus, nous ferions encore l'expérience de l'utilité de cela parce qu'on verrait quelles sont les [choses] qu'il nous faut nier au sujet de l'étant composé, afin de ne pas attribuer par erreur les [choses] qui y répugnent. Assurément, lorsque, par la suite, nous montrons, dans la Psychologie, que l'âme de l'homme est un étant simple, et que nous prouvons, dans la Cosmologie, que les éléments des choses sont au nombre des étants simples, nous appliquons aux âmes des hommes et aux éléments des choses matérielles les [choses] démontrées au sujet de l'étant simple en général. Et si, néanmoins, on omettait la démonstration des [choses] qui reviennent à l'étant simple en général, parce qu'on admettrait seulement l'étant simple à la façon d'une hypothèse, il faudrait les démontrer séparément au sujet des éléments des choses matérielles dans la Cosmologie, des âmes dans la Psychologie et de Dieu lui-même dans la Théologie naturelle, [choses] que l'on peut et doit unir dans une unique démonstration dans l'Ontologie. De nombreux exemples de cette sorte se rencontrent en Philosophie et ils ne sont pas rares dans la Mathématique. Et il est patent par soi que le philosophe qui dispose avant les [choses] antérieures à l'usage des postérieures (§ 119, 120) ne forge pas d'hypothèses inutiles et stériles pour seulement paraître avoir dit quelques [choses].

§ 130. *Détermination du prédicat dans les propositions philosophiques*

Dans les propositions philosophiques, il faut déterminer le prédicat avec précision, à savoir afin de ne pas attribuer au sujet plus que l'on ne peut en démontrer grâce aux [*choses*] *posées antérieurement*. Et si on ne déterminait pas le prédicat avec précision, si bien qu'on attribuerait au sujet plus que l'on ne pourrait en démontrer grâce aux [choses] posées antérieurement, on soutiendrait, bien sûr, gratuitement ce qu'on lui attribue plus que de droit. Or, en philosophie, il ne faut rien admettre qui n'ait été déduit légitimement de principes suffisamment prouvés dans ce qui précède (§ 118, 120). C'est pourquoi, en philosophie, on ne peut admettre, par quelque vice de subreption, que l'on attribue au sujet plus que l'on ne peut en démontrer grâce aux [choses] posées antérieurement.

Par exemple, si quelqu'un démontrait qu'il y a un étant nécessaire, ou étant par soi (*a se*), quoique cet étant par soi (*a se*) ne soit autre que Dieu, on ne pourrait cependant dire qu'il y a un Dieu qui est l'auteur de ce monde ; il se laisserait d'autant moins ajouter qu'il est l'auteur d'un monde produit à partir de rien. En effet, on admettrait, par un vice de subreption, ce qu'on n'aurait pas encore prouvé, à savoir que l'étant par soi (*a se*) est l'auteur du monde et qu'il l'a produit à partir de rien ; même si cela était vrai, nous devrions toutefois le prouver, puisque, en philosophie, nous aspirons à la certitude complète (§ 33). Or, on éviterait ce vice de subreption si, au nombre des prédicats, il n'était aucun terme qui n'ait été expliqué par une définition précise (§ 116). Car, si quelqu'un a donné une définition précise par laquelle il a déterminé la signification du vocable Dieu, lui, qui se souvient des règles du raisonnement, n'attribuera le nom de Dieu à un étant dont il a démontré qu'il existait que lorsqu'il aura démontré que lui reviennent les [choses] unies dans la définition de Dieu. Procéder à ce rappel semble peut-être superflu à certains ; néanmoins, celui qui a fait l'expérience de combien est commun ce vice de subreption, né de ce que l'on a négligé la détermination du prédicat, en jugera (*statuet*) autrement.

§ 131. *Pourquoi on démontre souvent moins qu'il ne convient à la chose*

Il s'ensuit en outre de là *qu'on doit souvent démontrer moins au sujet de quelque chose qu'il ne lui revient.* En effet, puisqu'il est patent à partir de ce qui a été dit (§ 130) qu'on ne doit pas affirmer d'un sujet plus que l'on ne peut en démontrer à partir des [choses] précédentes, si nous pouvons, en un lieu donné, démontrer moins qu'il ne lui revient, cependant qu'on en aurait besoin pour démontrer d'autres [choses], nous devons en tout cas seulement démontrer ce qui peut l'être, en rejetant les autres [choses] en un autre lieu plus opportun.

Par exemple, dans la Théologie naturelle, nous démontrons d'abord seulement que Dieu est l'étant dans lequel est contenue la raison suffisante de l'acte contingent de l'univers, puisque, à partir de là déjà, nous pouvons en outre démontrer les attributs du Divin. En effet, même si Dieu a produit le monde à partir de rien, au sujet de la dépendance du monde, en son existence, par rapport à Dieu, nous démontrons cependant au début moins qu'elle ne porte en elle, parce que, selon notre façon de démontrer, nous ne pouvons démontrer davantage de [choses] au début de la Théologie naturelle ; or nous en avons besoin pour établir les attributs divins, d'où, par la suite, nous déduisons en outre la création, en tant qu'elle désigne l'action de celui qui produit quelque [chose] à partir de rien. *Euclide* nous est un exemple, qui, même s'il n'ignorait pas que les trois angles d'un triangle rectangle sont, pris ensemble, égaux à deux droits et que, de ce fait, un côté étant continué, l'angle externe [est] égal aux deux angles internes opposés, a cependant démontré moins au début, à savoir que cet angle externe est plus grand que l'un [et l'autre] des angles internes opposés, puisqu'il lui était besoin de ce théorème pour démontrer d'autres [choses], d'où il déduisait finalement son égalité avec les deux angles opposés internes[1]. Certes, *Pierre de la Ramée* a, sur ce [point] également comme en bien d'autres, reproché à *Euclide* d'[être], pour ainsi dire, coupable d'hystérologie (livres 8 et 9 des Cours de Mathématique, p. 171, 178 de mon édition)[2]; mais, nonobstant cela, nous sommes les successeurs d'*Euclide* dans ses éléments de Géométrie[3], parce que, en faisant autrement, il ne nous serait pas donné de garder la rigueur dans la démonstration, rigueur dont on voit que *Ramée* s'est souvent éloigné dans sa Géométrie. *Euclide*, de son côté, a été le plus attaché à la rigueur dans la démonstration.

§ 132. *Ordre pour toute la philosophie*

Dans chaque partie de la philosophie, on doit s'en tenir à un ordre tel qu'on dispose avant les [choses] par lesquelles on comprend et démontre les [choses] suivantes ou, du moins, on les établit (adstruuntur) *de façon probable.* Dans quelque partie de la philosophie que ce soit, il ne se rencontre que des définitions et des propositions, et on démontrera dans la Logique que [rien] de différent ne peut se rencontrer. Assurément, dans chaque partie de la philosophie, c'est par les définitions antécédentes qu'on doit expliquer les termes qui entrent dans les définitions subséquentes (§ 119), et c'est dans les antécédentes qu'on doit démontrer les propositions qui entrent dans les démonstrations des propositions subséquentes (§ 120).

---

1. *Cf.* Euclide, *Les éléments*, vol. 1, intro. générale M. Cavaing, trad. fr. et commentaires des livres I à IV B. Vitrac, Paris, PUF, 1990, livre I, propositions 16, 17 et 32, p. 226-228, 228-229 et 255-257.

2. *Scholarum mathematicarum, libri unus et triginta, a Lazaro Schonero recogniti et emendati,* Frankfurt-am-Main, Wechelus, Marnius & Aubrius, 1599. Les pages concernées reprennent les propositions 16, 17 et 32 d'Euclide. Ainsi que le rappelle J. École en *GW* II, 1.1, p. 169, l'hystérologie est « une figure de style où l'on renverse l'ordre des idées ».

3. *Op. cit.*

D'ailleurs, dans chaque démonstration, doivent précéder les raisonnements dont les conclusions entrent en tant que prémisses dans les raisonnements subséquents (§ 124). Il est donc patent que, dans chaque partie de la philosophie, il faut s'en tenir à un ordre tel qu'on dispose avant les [choses] par lesquelles on comprend et démontre les [choses] suivantes ou, du moins, on les établit (*adstruuntur*) de façon probable; car il ne faut pas même éliminer entièrement les [choses] probables de la philosophie, quoiqu'il faille bien les distinguer des [choses] certaines (§ 125, 127).

§ 133. *Loi suprême de la méthode philosophique*

Puisque la méthode philosophique est l'ordre que le philosophe doit utiliser en enseignant (*tradendis*) ses dogmes (§ 115), et qu'il faut s'en tenir à un ordre tel qu'on dispose avant les [choses] par lesquelles on comprend et démontre les [choses] suivantes ou, du moins, on les établit (*adstruuntur*) de façon probable (§ 132), *il appert que la loi suprême de la méthode philosophique est qu'il faut disposer avant les [choses] par lesquelles on comprend et établit* (adstruuntur) *les [choses] suivantes.*

§ 134. *Loi commune à toute la philosophie et à chacune de ses parties*

Puisqu'il faut s'en tenir au même ordre en enseignant (*tradendis*) les parties de la philosophie (§ 87), *il est un et un seul ordre pour la philosophie tout entière, et sa loi commune [est] que doivent précéder les [choses] dont dépend de quelque façon que ce soit la connaissance des [choses] suivantes.*

Ainsi, tu as ici le point capital de la méthode philosophique, que nous aurions pu démontrer en premier lieu à partir de la notion de certitude complète à laquelle il faut aspirer en philosophie (§ 33), lorsque nous voulions en tirer plus loin les règles spéciales dont nous avons parlé (§ 116 *sq.*). Assurément, nous avons préféré les tirer au jour à partir de la notion même de philosophie et de la notion associée de sa certitude, afin que leur évidence aiguise plus fortement la pointe de l'esprit.

§ 135. *Ce dont dépend la pratique de la méthode philosophique*

Si quelqu'un veut enseigner (tradere) *la philosophie selon la méthode philosophique, il doit, et être avant tout quelqu'un qui connaît les règles logiques, et exceller dans l'habileté à les mettre en pratique.* Lorsqu'on veut enseigner (*traditurus*) la philosophie selon la méthode philosophique, on doit expliquer tous les termes que l'on utilise par une définition précise (§ 116), prouver suffisamment les principes (§ 117), en tirer les propositions par une conséquence légitime (§ 118), déterminer avec précision tantôt leur sujet (§ 121), tantôt leur prédicat (§ 130) et, finalement, ordonner toutes les [choses] de telle sorte qu'on dispose avant celles par lesquelles on comprend et établit (*adstruuntur*) les [choses] suivantes (§ 133); bien plus, dans les démonstrations elles-mêmes, il faut placer chacune des propositions selon l'ordre dans lequel elles viennent à l'esprit (*animum*) de celui qui conçoit la démonstration (§ 124), et il ne faut pas que voient le jour plus de propositions que celles qui peuvent remettre en mémoire au lecteur qui connaît les propositions antécédentes les autres propositions requises pour parfaire ses raisonnements (§ 123). Assurément, la Logique nous enseigne (*tradit*) la façon de définir avec précision, de former des propositions déterminées et d'instaurer des démonstrations légitimes. Ainsi, lorsqu'on veut satisfaire aux règles de la méthode philosophique, on doit avoir connu et vu avec netteté les règles de la Logique, et il est nécessaire d'exceller dans l'habileté à les mettre en pratique.

De là est patente la nécessité de la Logique en vue de philosopher droitement. Or nous supposons que le Logicien satisfait à son devoir, pourvu qu'il expose la droite façon de définir, de juger et de démontrer. Et nous enseignerons (*trademus*) en leur lieu (§ 26 *sq.* de la *Log.*) [1] les critères par lesquels on distingue si le Logicien a satisfait à son devoir. Or, que celui qui sait les règles logiques ne puisse pas aussitôt les mettre en pratique, l'expérience même en témoigne et [le fait] qu'on n'acquiert qu'avec beaucoup d'exercice l'habileté à définir, à former des jugements précis et à démontrer le confirme. Nous enseignons dans la Logique quels sont les exercices par lesquels nous soumettons à notre puissance la méthode philosophique.

§ 136. *Préjudice né de la négligence de la méthode philosophique*

Si quelqu'un vise à enseigner (tradere) *la philosophie selon une autre méthode que la philosophique, il enseignera* (tradet) *des* [*choses*] *qu'on ne pourra ni suffisamment comprendre, ni reconnaître avec évidence comme vraies.* De fait, celui qui entreprend de traiter des choses philosophiques selon une autre méthode que la philosophique utilise des termes qui n'ont été expliqués par aucune définition précise, et, quand bien même il définirait certains termes, il n'enseignerait (*tradit*) pas en premier lieu leurs définitions, lesquelles entrent dans les définitions d'autres termes (§ 116, 119). C'est pourquoi le sens des propositions demeure d'interprétation

---

1. *Op. cit.*, p. 121 *sq.*

douteuse et, dans le second cas, il est à redouter qu'on n'ait, par hasard, admis un cercle dans la définition. Il n'est donc pas permis de les comprendre suffisamment. En outre, la même [personne] utilise des principes qui, soit n'ont pas du tout été prouvés, soit ne l'ont pas été suffisamment (§ 117), elle prouve dans les [choses] antérieures des propositions grâce aux [choses] qui, précisément, suivent plus bas (§ 120) et elle indique les raisons pour lesquelles il faut attribuer le prédicat au sujet plus qu'elle n'enseigne (*tradat*) une démonstration parachevée dans tous ses éléments (*numeris*) (§ 123). Ainsi, on ne peut reconnaître avec évidence la vérité des principes et des propositions démontrables.

§ 137. *Deuxième préjudice*

Il s'ensuit *qu'à négliger la méthode philosophique, on n'obtient aucune connaissance certaine et distincte*. Car, si on néglige la méthode philosophique, on ne comprend suffisamment ni les termes, ni les propositions (§ 136), par conséquent, la connaissance (*notitia*) des choses n'est que confuse. Pareillement, on ne reconnaît pas avec évidence que les [choses] enseignées (*traduntur*) sont vraies (§ 136), par conséquent, toute la connaissance demeure douteuse et incertaine.

Certes, il peut se produire que des [personnes] inexpérimentées se persuadent qu'elles comprennent au mieux des [choses] qui, pour des [personnes] dotées de pénétration, soit sont obscures, soit s'avèrent être d'interprétation douteuse, et qu'elles estiment être convaincues de la vérité de quelque proposition, lorsque celles qui connaissent les démonstrations voient avec netteté qu'elle est encore enveloppée de multiples doutes ; mais il est vrai que notre propos, à présent, ne [porte] pas sur l'opinion des [personnes] inexpérimentées mais sur ce qu'est la chose. Nombre de [choses] semblent [être], qui ne sont pas. Or le philosophe juge (*statuit*) des [choses] qui sont.

§ 138. *Troisième préjudice*

Si quelqu'un enseigne (tradit) *la philosophie selon une autre méthode que la philosophique, il enseigne des* [choses] *qui répugnent à l'usage de la vie, c'est-à-dire qui ne peuvent pas être appliquées convenablement aux cas de la vie humaine.* Nous n'insistons pas ici sur [le fait] qu'il enseigne (*tradat*) des [choses] qu'on ne peut suffisamment comprendre (§ 136); même si personne ne niera aisément que les [choses] que l'on ne comprend pas suffisamment peuvent être appliquées moins convenablement aux cas de la vie humaine. En effet, une autre raison l'établit (*evincitur*) encore plus clairement. De fait, celui qui enseigne (*tradit*) la philosophie selon une autre méthode que la philosophique ne détermine pas avec précision dans les propositions la condition à laquelle le prédicat convient au sujet (§ 121). Or, c'est uniquement quand on forme les propositions de telle sorte que soit déterminée avec précision la condition à laquelle on attribue le prédicat au sujet qu'elles sont utiles à la science et à la vie (§ 122). Donc, si on ne détermine pas avec précision cette condition dans les propositions mais que les énonciations sont vagues et indéterminées, cette utilité (*utilitas*) disparaît.

§ 139. *Identité des méthodes philosophique et mathématique*

Les règles de la méthode philosophique sont les mêmes que celles de la méthode mathématique. Car, dans la méthode philosophique, il ne faut pas utiliser de termes qui n'aient été expliqués par une définition précise (§ 116), on n'admet pas comme vrai ce qu'on n'a pas suffisamment démontré (§ 117, 118), on détermine avec précision dans les propositions autant le sujet que le prédicat (§ 121, 130) et on ordonne toutes les [choses] de sorte que soient disposées avant les [choses] par lesquelles on comprend et établit (*adstruuntur*) les [choses] suivantes (§ 133, 123, 124). Mais, de notre commentaire sur la méthode mathématique[1] et du traitement précis de la Mathématique lui-même, tel que l'offrent nos Éléments de la Mathématique tout entière[2], il ressort que, dans l'enseignement (*tradenda*) de la Mathématique également, on explique les termes par une définition précise (*Méth.*, § 17, 18) et on explique dans les définitions antécédentes les termes qui entrent dans les définitions conséquentes, à moins qu'on ne comprenne suffisamment par ailleurs quelles choses on met là-dessous (*Méth.,* § 14.), qu'on établit suffisamment les principes (*Méth.,* § 30 *sq.*) et qu'on démontre rigoureusement (*Méth.,* § 43, 45 *sq.*), à partir des définitions et des propositions déjà établies (*evinctis*) dans ce qui précède, les propositions déterminées avec précision quant au sujet et au prédicat (*Méth.,* § 49 *sq.*). On observe partout la loi sacrée selon laquelle sont disposées avant les [choses] à partir desquelles on comprend et démontre les autres [choses] (*Méth.,* § 14, 43, 44). Qui ne voit donc pas que les règles de la méthode mathématique sont les mêmes que celles de la méthode philosophique ?

Nul ne s'étonnera de l'identité des méthodes philosophique et mathématique, sinon celui qui ignore d'où l'on dérive les règles de l'une et de l'autre. Nous, nous avons déduit les règles de la méthode philosophique à partir de la notion de certitude à laquelle nous avons prouvé qu'il fallait aspirer en philosophie (§ 33). Assurément, si

---

1. *De methodo mathematica brevis commentatio*, incipit du volume I des *Elementa matheseos universae*, *GW*, II, 29, p. 1-17. L'adaptation française livre pareillement un « Discours préliminaire sur la Méthode dont on se sert pour traiter les Mathématiques » (*op. cit.*, t. I, p. I-XII).

2. *Elementa matheseos universae*, cinq volumes, *GW* II, 29-34.

quelqu'un requérait la raison de la méthode mathématique, il n'en saisirait pas d'autre que la certitude de la connaissance à laquelle tout mathématicien admet de lui-même qu'il faut aspirer dans la Mathématique ; en effet, qui sera d'un esprit à ce point malade qu'il aimera mieux la connaissance incertaine que la certaine lorsqu'il peut posséder la connaissance certaine, puisqu'il n'[est] que la connaissance certaine qui garantisse un succès certain de l'œuvre dans la vie ? Ainsi, puisque les règles des méthodes philosophique et mathématique s'appuient sur la même raison, il n'[est] pas étonnant que les règles elles-mêmes également soient les mêmes. D'ailleurs, il n'est pas besoin que nous établissions (*adstruamus*) qu'il faut traiter la philosophie selon la méthode mathématique ; de fait, quand bien même il ne serait aucune Mathématique, ou, du moins, elle n'aurait pas encore été cultivée au point d'offrir une connaissance certaine à ceux qui la cultivent, il ne serait pas permis de découvrir une autre méthode philosophique que celle que nous avons établie jusqu'ici, tant que nous aspirerions à atteindre la connaissance certaine des choses, utile tantôt au progrès des sciences, tantôt à la vie (§ 122). Tout débat au sujet de l'application de la méthode mathématique à la philosophie [est] par suite vain et superflu. La philosophie n'emprunte pas sa méthode à la Mathématique mais la puise, de même que la Mathématique, de la Logique plus vraie et, de ce fait, elle la reconnaît comme lui convenant, parce que c'est par elle seule que l'on parvient à une connaissance certaine utile aussi bien au progrès des sciences qu'à la vie. Et s'il en était d'autres que satisfaisait une connaissance incertaine qui ne contribue en rien au progrès des sciences mais qui, plutôt, lui est contraire et ne garantit d'autre usage dans la vie que [de faire] que nous abandonnions, par un essai peu sûr, le succès à la fortune et que nous nourrissions notre esprit (*animum*) d'un espoir très souvent vain, nous ne nous mettrions pas en colère contre eux parce qu'ils règlent leur affaire à leur façon, mélangeant les plus hautes [choses] aux plus basses, utilisant des termes auxquels ne correspond aucune idée déterminée, défendant des propositions vagues desquelles, parce que le sujet et le prédicat ne sont pas déterminés de façon convenable, il est débattu avec quelque apparence de vérité dans les deux parties en contradiction. D'ailleurs, nous n'envions pas la gloire de leur victoire rapportée, dont, dépourvus du sens de la connaissance certaine, ils se flattent. Nous, qui ne sacrifions pas à la vanité mais qui visons au progrès des sciences et à l'utilité (*utilitati*) pour la vie, nous aspirons à atteindre la connaissance certaine. Et pas davantage ne jugeons-nous utile de débattre [quant à savoir] s'il nous est donné d'atteindre la connaissance certaine en philosophie. Nous sommes plutôt d'avis qu'il faut en venir à la présente affaire afin de faire l'expérience de ce que nos épaules peuvent porter ou de ce qu'elles refusent de porter. Si le résultat ne correspond pas partout aussitôt à notre vœu, nous admettons provisoirement des hypothèses à corriger par un zèle continu jusqu'à ce que, finalement, nous ayons en notre puissance la limpide vérité dont nous nous enquérons. Nous imitons les Astronomes, dont l'étude clairvoyante, infatigable et continue durant plusieurs siècles a finalement accompli des [choses] dont il faut dire qu'elles ont été supérieures à l'attente de tous. Et s'il leur avait semblé bon également d'établir (*adstruere*) l'impossibilité de la connaissance de la science des astres par des arguments spécieux tirés de la distance excessive des astres qui nous sont inaccessibles, de la faiblesse de la raison humaine lorsqu'elle explore des choses à ce point retirées et étrangères à notre connaissance, du résultat infructueux des esprits (*inge-niorum*) les plus excellents durant tant de siècles etc., aucun de nous ne doute que, certes, ils auraient mérité les applaudissements de ceux qui ont mis à l'abri leur paresse ou leur vanité sous la faiblesse de la raison, mais que la science des astres elle-même aurait gagné par là peu d'avancée et ne serait pas parvenue au sommet auquel on l'a portée et où nous l'admirons aujourd'hui.

CHAPITRE V

DU STYLE PHILOSOPHIQUE

§ 140. *Définition du style philosophique*

Par *style philosophique*, nous entendons la manière d'écrire que le philosophe doit utiliser.

Nous présentons ici les généralités qui ont leur place en quelque langue que ce soit dans laquelle on philosophe. Notre affaire n'est ici en aucune manière la langue Latine, même si nous nous sommes fixés d'enseigner (*tradere*) la philosophie en celle-ci.

§ 141. *Sa loi suprême*

Dans le style philosophique, il ne faut tenir compte de [rien] autre chose que de s'ouvrir à autrui des pensées (sensa) *de notre esprit* (animi). En philosophie, en effet, il ne faut admettre que les [choses] qu'on a suffisamment comprises et prouvées (§ 116, 117, 118). Il n'est donc pas besoin, par des artifices de langage, de captiver d'autres [gens], ni de les pousser à l'assentiment. C'est pourquoi, dans le style philosophique, nous ne tenons compte de [rien] autre chose que de dévoiler à autrui les pensées (*sensa*) de notre esprit (*animi*).

Nous, nous ne visons assurément qu'à enseigner quelle idée d'une chose quelqu'un doit concevoir en son esprit (*animo*), quels prédicats il doit lui attribuer et pourquoi il faut les lui attribuer. Nous le faisons donc uniquement avec tout le bagage des mots afin de faire connaître avec netteté notre pensée (*mentem*) au lecteur pour que, s'il porte attention à ce qui est requis pour lire les écrits philosophiques, il ne puisse se fourvoyer. Ce n'est pas par la force des mots mais par le poids des raisons que nous arrachons l'assentiment, et nous avons la volonté que nos œuvres amènent également d'autres [gens] à la connaissance certaine.

§ 142. *Pourquoi il faut maintenir la signification reçue des mots*

En philosophie, il ne nous faut donc pas nous éloigner de la signification reçue des mots, c'est-à-dire qu'il ne nous faut pas dénoter les choses par d'autres mots que ceux qui les signifient couramment. En effet, dans le style philosophique, nous prêtons uniquement attention à faire connaître avec netteté notre pensée (*mentem*) à autrui (§ 141). Or, si nous évoquons par des mots d'autres choses que celles qu'ils signifient couramment, soit le lecteur ne peut pas du tout comprendre notre pensée (*mentem*), soit il ne peut, du moins, la comprendre que difficilement, dans la mesure où soit nous ne donnons aucune définition des vocables, soit l'esprit (*animo*) du lecteur n'a pas toujours en vue cette définition. Ainsi, le changement de signification des mots en une signification étrangère fait obstacle à la netteté qui doit être propre au style philosophique.

Il en est qui se persuadent qu'on change la signification des vocables lorsqu'on apporte d'autres définitions que celles que l'on a coutume d'enseigner (*tradi*) couramment. Ils se trompent assurément fort ceux qui pensent (*sentiunt*) ainsi. En effet, tant qu'on signifie une même chose par un même vocable, sa signification demeure aussi la même. Il y a quelque temps que les Géomètres l'ont reconnu, eux qui définissent une seule et même figure de diverses façons même s'ils sont suffisamment persuadés qu'il ne faut pas modifier la signification des noms à la légère. Par exemple, *Apollonius* appelle Parabole la section conique qui coupe perpendiculairement la base du triangle [engendrant le cône] par [rotation autour de] son axe, et dont l'axe est parallèle au côté du cône [1]. Mais, lorsque *Dechales* la définit comme la figure dans laquelle les carrés des abscisses [placées] successivement possèdent un rapport identique aux ordonnées [2], il ne modifie pas pour autant la signification du vocable de *Parabole* que lui avait attribué *Apollonius*, parce que c'est la même figure à laquelle conviennent l'une et l'autre définition. Pareillement, si certains définissent Dieu comme un esprit (*spiritum*) indépendant, *Descartes* comme l'étant le plus parfait [3] et nous comme l'étant par soi (*a se*) dans lequel est contenue la raison suffisante de l'existence contingente de l'univers, la signification du vocable de Dieu est toujours la même parce que cet étant qui est esprit (*spiritus*) indépendant est le même que l'étant le plus parfait et que l'étant par soi (*a se*) qui contient la raison suffisante de l'existence contingente de l'univers.

§ 143. *Nécessité de la constance dans l'usage des mots*

En philosophie, ou du moins dans une même partie de celle-ci, la même signification doit être constamment [attribuée] au même vocable. La raison est la même que celle de la règle précédente. Si, en effet, tu n'utilises pas constamment

1. Cf. *Les coniques d'Apollonius de Perge*, intro., trad. fr. et notes P. Ver Eecke, Bruges, Desclée de Brouwer, 1923, livre I, proposition XI, p. 21 *sq.*

2. *Cf.* Claude-François Milliet Dechales, *Cursus, seu mundus mathematicus. Tomus primus*, Lyon, Anisson, Posuel & Rigaud, 1674, traité III, livre premier, sixième définition, p. 286.

3. Les *Méditations métaphysiques* parlent en effet d'un « être (*ens*) souverainement parfait » (AT VII, p. 51 et 65 ; trad. légèrement modifiée de Clerselier par M. et J.-M. Beyssade, Paris, GF-Flammarion, 1979, p. 127 et 153).

quelque vocable tout à fait avec la même signification, son sens sera souvent ambigu, et le lecteur saisira aisément plusieurs [choses] en un sens étranger; cela fait obstacle à la netteté qu'exige la philosophie (§ 141). Toutefois, il est encore une autre raison qui impose la signification constante d'un même vocable. En philosophie, on démontre les propositions subséquentes par les antécédentes (§ 120). Par suite, dans les propositions subséquentes, la signification des vocables doit être la même qu'elle était dans les précédentes; sans quoi, en effet, de par les lois de l'art de raisonner enseignées (*tradendas*) dans la Logique (§ 346 *sq.*)[1], il ne peut se produire que les propositions antérieures entrent dans les démonstrations des postérieures.

Quand quelqu'un aura vu avec netteté toute la Logique afin de voir avec netteté la méthode philosophique plus à fond, et, du même fait, se la sera rendue plus claire, il percevra avec plus d'évidence combien l'inconstance dans l'usage des mots répugne à la méthode philosophique. Certes, rien n'est plus commun que l'inconstance dans l'usage des mots, mais nous ne faisons l'expérience de rien de plus opposé à la méthode précise de la philosophie.

§ 144. *Réduction des vocables d'une signification changeante à une signification fixe*

De là s'ensuit que *si, à cause de l'inconstance dans l'usage des mots, la signification de quelque vocable est changeante et indéterminée, on doit, en philosophie, la réduire à une signification déterminée.* Certes, en philosophie, il ne faut pas s'éloigner de la signification reçue des mots (§ 142) et il semble ainsi qu'il faille maintenir la signification changeante et indéter-

---

1. *Op. cit.*, p. 294 *sq.*

minée lorsqu'elle a été reçue par l'usage. Mais il est vrai que, dans ladite philosophie, la signification du même mot doit être constante (§ 143), partant être déterminée, non changeante, et, conséquemment, il faut qu'elle s'éloigne de l'inconstance communément reçue dans l'usage des mots. Puisque l'une et l'autre règle ne peuvent se produire [en même temps] parce que, par inconstance dans l'usage des mots, cela répugne que l'on attribue provisoirement des significations diversifiées au même vocable et que, en abandonnant l'inconstance dans l'usage des mots, on lui attache une signification fixe, il doit se produire une exception à l'une ou l'autre règle. Puisqu'il faut, dans ce cas, qu'on explique par une définition précise la signi-fication du vocable pour qu'elle soit certaine (§ 116), aucun sens ambigu ne provient de là, sinon pour le lecteur imprudent, à savoir celui qui ne prête pas attention aux définitions enseignées (*traditas*). Et puisque l'inconstance dans l'usage des mots répugne entièrement à la méthode philosophique (§ 143), il doit se produire une exception à la première règle, qui respecte l'usage reçu des mots. Par suite, il faut réduire la signification changeante et indéterminée à une signification fixe et déterminée.

Puisque nous nous occupons du style philosophique, nous visons avant tout l'usage des vocables que la Logique prescrit. C'est pourquoi, une fois la Logique traitée, non seulement les [choses] recommandées dans ce discours préliminaire au sujet du style philo-sophique finiront par être plus claires, mais on verra encore nettement de quelle façon on sera à même d'y satisfaire par cette œuvre elle-même. D'ailleurs un certain travail principal du philosophe consiste à réduire les vocables d'une signification changeante et indéterminée qui prévaut couramment à une signification fixe et déterminée, en enseignant (*tradendo*) les définitions précises des choses dénotées par celles-ci. Non seulement nous faisons l'expérience de la difficulté de cette œuvre lorsque nous, nous nous y attelons, mais la rareté des définitions précises en témoigne au grand jour d'elle-même également. Or, nous constatons une difficulté plus grande lorsque les définitions [sont] à ordonner en même temps (§ 119) de sorte que les vocables que nous utilisons dans les [choses] suivantes sont expliqués dans les antérieures ; il est en effet besoin d'une grande circonspection pour que, en définissant, tu ne tombes pas dans un cercle vicieux. Celui qui, pour faire l'expérience de la chose, s'est résolu à rassembler et ordonner les définitions enseignées (*traditas*) ça et là dans la Mathématique elle-même ne déniera pas le témoignage de celui qui parle pour en avoir fait l'expérience.

§ 145. *Les [choses] que l'on doit discerner par des noms*

Les [choses] qui diffèrent constamment l'une de l'autre par une différence intrinsèque doivent également, en philosophie, être désignées par des noms différents. Il revient au philosophe de rendre raison des [choses] qui sont ou peuvent être (§ 46). Or, on extrait les raisons des [choses] qui sont de celles que l'on comprend être inhérentes aux choses et par lesquelles on comprend qu'elles diffèrent l'une de l'autre. C'est pourquoi on doit fixer leurs genres et leurs espèces grâce à celles qui sont inhérentes aux choses afin de voir si on attribue quelque prédicat à une certaine chose pour une raison générale ou une raison spéciale, et si on forme ainsi des jugements précis ; c'est ce que nous dirons plus expressément à leur sujet dans la Logique. Donc, puisqu'on détermine les genres et les espèces des choses grâce à des différences intrinsèques, on doit fixer autant de genres et d'espèces des choses que l'on saisit de différences intrinsèques constantes. Toutefois, on doit désigner par des noms idoines chaque genre et chaque espèce. Ainsi, les [choses] qui diffèrent l'une de l'autre par une certaine

différence constante doivent également, en philosophie, être
désignées par des noms différents.

Ici milite cette même raison qui persuade couramment que des
noms différents sont échus par hasard à des choses différentes.
Assurément, puisque, dans l'appellation commune, il a beaucoup été
donné par hasard, et peu, voire rien, à dessein, et que les choses ont été
réparties en genres et espèces, non pas selon des notions distinctes,
mais confuses, il ne doit pas sembler étonnant que beaucoup de
[choses] dans ce genre aient été laissées au philosophe, censé explorer
plus précisément les différences des choses.

§ 146. *Définition du Terme philosophique*

Les noms des choses que le philosophe discerne, mais à la
différence desquelles on ne prête pas couramment attention se
nomment *Termes philosophiques*.

Aux [choses] dont on ne reconnaît pas couramment la différence
font défaut des noms particuliers ; en effet, les genres et les espèces
des choses que l'on détermine grâce à ces différences sont cachés
tant qu'on ne reconnaît pas ces différences. Ainsi, lorsque le philosophe met un nom sur celles-ci, il utilise, en philosophie, des termes
auxquels l'usage courant de la langue n'a accordé, en dehors d'elle,
nulle place. Et ainsi, la philosophie a des termes [qui] lui [sont]
particuliers. La même [chose] prévaut dans la Mathématique, en
Théologie, en Jurisprudence, en Médecine et en tout art, de sorte
que des termes sont propres à chacun pour la même raison que celle
que nous avons introduite à l'instant pour la philosophie. Assurément,
puisque aujourd'hui ceux qui dédaignent les termes philosophiques
ne manquent pas, il ne sera pas sans intérêt d'en enseigner plus
explicitement plusieurs [choses].

§ 147. *Devoir du philosophe quant aux termes reçus*

Il ne faut pas modifier, une fois reçus, les termes philo-
sophiques; et si on ne les a pas définis avec suffisamment de
précision, il faut leur substituer une définition plus précise.
Qu'il ne faille pas modifier, une fois reçus, les termes philosophiques, nous le prouvons de la même façon que nous avons
établi (*adstruximus*) plus haut (§ 142) qu'il fallait maintenir la
signification reçue des mots. Et on le montre encore de cette
façon. Si on ne maintient pas les termes une fois reçus mais
qu'on substitue de nouveaux termes à leur place, le lecteur qui
connaît ceux-là ne comprend pas ceux-ci, par conséquent, il
doit se les rendre familiers en vue de [lire] nos écrits, et, au
contraire, celui qui a d'abord appris ceux-ci ne comprend pas
ceux-là, par conséquent, il doit se les rendre familiers pour lire
les écrits d'autres [gens]. Donc, soit il faut écarter des nôtres
celui qui est versé dans les écrits d'autres [gens], soit, au
contraire, il faut, sans nécessité urgente, charger la mémoire de
termes dont nous aurions pu nous passer, dès lors que, non
seulement il est besoin de les confier à la mémoire, mais
encore qu'il faut se rappeler quels termes, dans nos écrits,
correspondent aux termes dans les écrits d'autres [gens]. Par
suite, puisqu'il ne convient pas de lasser le zèle du lecteur
au-delà du nécessaire, il ne faut pas modifier les termes philosophiques une fois reçus et connus. En outre, en philosophie, il
faut expliquer tous les termes que nous utilisons au moyen
d'une définition précise (§ 116). C'est pourquoi, quand
d'autres ne les ont pas définis de façon suffisamment précise,
nous devons leur substituer une définition plus précise.

C'est certainement la raison pour laquelle nous, nous maintenons
des termes usités dans la philosophie antique. Peu nous importe s'ils
semblent au plus haut point barbares ou si, en vertu de leur étymo-

logie, ils ne conviennent pas suffisamment aux choses qu'ils dénotent. Nous raisonnons sur les choses à partir de leurs notions, non par la dérivation philologique des termes. En philosophie, ce n'est pas l'élégance des mots qui plaît, mais la vérité. Les Astronomes, qui ont maintenu des termes découlant d'opinions erronées, nous sont un exemple. « Etoiles fixes » et « planètes », ou « étoiles errantes », sont des noms de cette sorte ; ces appellations découlent dès lors de ce que, originairement, on croyait les étoiles fixes pour ainsi dire fixées au ciel solide, et on s'imaginait que les planètes couraient çà et là à travers le ciel selon une loi incertaine. D'ailleurs, dans son Astronomie nouvelle [1], *Kepler* a maintenu les termes des Astronomes anciens même s'il ne put pas maintenir tout à fait la même signification mais qu'il lui a fallu la modifier provisoirement puisque, dans ses nouvelles théories, les choses dénotées par ceux-ci dans les théories des anciens n'avaient pas tout à fait leur place de la même façon. Or, on comprend par ce qui a été dit plus haut (§ 142, Rem.) qu'une nouvelle définition n'altère pas la signification d'un terme que, précédemment, on avait défini avec moins de précision. Et il faut d'autant moins souffrir ceux qui forgent de nouveaux termes avec lesquels ils enveloppent ce qui a été dit par d'autres afin de paraître avoir découvert (*invenisse*) de nouvelles [choses] ou de paraître avoir découvert par leurs propres forces des [choses] qu'ils ont puisées chez d'autres, puisque le Philosophe n'approuve pas la vanité.

§ 148. *Usage des termes*

Si on explique des termes par une définition précise, on rend la connaissance distincte et utile au progrès des sciences comme à la vie. Si nous expliquons des termes par une définition précise, nous distinguons également les unes des autres par leurs noms et nous répartissons en leurs genres et espèces

---

1. Kepler, Johannes, *Astronomie nouvelle*, trad. fr., avertissement et notes J. Peyroux, chez le traducteur, 1979.

les choses dont nous percevons distinctement les différences à l'aide de l'entendement. Il sera toutefois plus pleinement patent dans la Logique qu'on rend distincte la connaissance des choses par leur répartition précise en leurs genres et espèces. En outre, si on répartit avec précision en genres et espèces des choses différentes les unes des autres, on forme également des propositions précises dans lesquelles on attribue leur prédicat à tout genre et à toute espèce. Or, de telles propositions sont utiles, et au progrès des sciences, et à la vie (§ 122). Grâce à l'usage de termes expliqués par une définition précise, la connaissance philosophique est donc rendue utile au progrès des sciences comme à la vie.

Si nous sommes dénués de termes, il faut produire la définition pour le terme toutes les fois qu'il y a lieu. Il est donc besoin de beaucoup de mots là où un unique vocable suffit. Et cette production fastidieuse de définitions trouble très souvent l'esprit. Ne serait-ce pas fastidieux, en Géométrie, s'il fallait produire la définition du carré toutes les fois que se rencontre le nom de carré, par exemple s'il fallait dire, dans le célèbre théorème de Pythagore, que « la figure quadrilatère équilatérale rectangle dont le côté est l'hypoténuse d'un triangle rectangle est égale aux deux figures quadrilatères équilatérales rectangles dont les côtés sont respectivement égaux aux deux côtés de ce triangle rectangle » ? Ceux qui se sont beaucoup occupés de démonstrations non sans [faire] attention à la forme de la démonstration savent plus qu'assez par expérience quelle aide c'est pour le raisonnement lorsque l'on a fait que les propositions [soient] ajustées à l'aide de termes. Or ceux qui se persuadent que les termes obscurcissent la philosophie se trompent fort. Et si en effet une définition exacte les explique, ils répandront plutôt de la lumière dès qu'ils auront fini par être familiers, par un usage répété. Sans l'usage de termes, on ne peut attendre beaucoup de progrès dans la science. Donc ceux qui en restent au commencement peuvent s'en passer. Il y a quelque temps que, en Arithmétique, j'ai observé combien un usage

approprié des termes rendait distincte l'énonciation d'un nombre
énorme, qui, sans cela, aurait fini par être si confuse que l'esprit,
troublé, n'aurait guère compris ce que l'on proférait oralement.

§ 149. *Simplicité du style philosophique*

*En philosophie, il faut utiliser les mots idoines, et pas plus
qu'il n'en suffit à la présentation de la vérité dans sa nudité.* En
philosophie, nous enseignons (*tradimus*) les définitions des
choses (§ 116) et démontrons lesquelles leur conviennent, soit
en vertu de la définition, soit à quelque condition donnée
(§ 121, 130), ou démontrons de quelle façon nous pouvons
faire quelque [chose] (§ 58, 71). Puisqu'on démontrera en son
lieu dans la Logique (§ 153)[1] qu'il ne faut pas poser dans la
définition plus de [choses] que celles qui déterminent le défini
dans son être, dans les propositions philosophiques, il faut
déterminer avec précision la condition à laquelle le prédicat
convient au sujet (§ 121), partant, il ne faut rien y poser outre le
sujet, le prédicat et, le cas échéant, la détermination de l'un et
de l'autre (§ 122) ; enfin, dans les démonstrations, ne doivent
pas être contenues plus de [choses] que celles qui suffisent à
remettre en mémoire les autres [choses] requises pour parfaire
les raisonnements (§ 123), partant celles qui suffisent à concevoir par l'esprit (*animo*) la démonstration ; il n'en est pas
moins patent par soi que, lorsque nous enseignons de quelle
façon nous pouvons faire quelque [chose], nous ne devons pas
dire davantage que par quels actes nous atteignons notre visée ;
ainsi, il n'est pas besoin de plus de mots que ceux qui suffisent
à indiquer les [choses] requises pour les définitions, les propositions déterminées, leurs démonstrations, les résolutions de

1. *Op. cit.*, p. 190.

problèmes ou la façon dont on devrait faire quelque [chose]. Celui qui n'utilise pas trop de mots présente la vérité dans sa nudité. Or, sont *idoines* les *mots* destinés à signifier les choses auxquelles ils s'appliquent. C'est pourquoi, ainsi que nous l'avons établi (*evictum*) à l'instant, s'il ne faut pas utiliser plus de mots que ceux qui suffisent à signifier à autrui les concepts de notre esprit (*animi*), il faudra en tout cas utiliser les mots idoines. On montre encore la même [chose] autrement, de cette façon. En philosophie, il ne faut pas utiliser de termes qui n'aient été expliqués par une définition précise (§ 116), ni s'éloigner de la signification reçue des mots (§ 142), par conséquent, pour chaque chose qui est de notre propos, il faut utiliser des mots destinés à la signifier, soit à partir de l'intention du philosophe (§ 146), soit à partir de l'usage courant de la langue, en conséquence des mots idoines selon la définition enseignée (*traditam*) à l'instant.

D'ailleurs, ce que l'on recommande ici est conforme à la loi suprême du style philosophique, qui commande de ne tenir compte de nulle autre chose que de s'ouvrir à autrui des pensées (*sensa*) de notre esprit (*animi*) (§ 141). Les Géomètres de la plus haute Antiquité nous sont également un exemple, qui n'ont utilisé que des mots idoines et qui ont saisi que [rien] davantage ne suffisait à exposer la vérité dans sa nudité. En effet, lorsque nous ne visons rien qu'à enseigner à d'autres, il n'est aucune raison pour laquelle d'autres mots s'y appliquent, et pas davantage que ceux qui suffisent à ce propos. Le Philosophe écrit pour être utile, non pour persuader, ainsi que l'Orateur, ni pour plaire, ainsi que le Poète. Il ne vise [rien] d'autre que ce qui peut s'ensuivre de la vérité connue qu'il présente. En effet, il écrit pour ceux que guide l'amour de la vérité. Cependant, loin s'en faut qu'il se persuade de mépriser les [choses] que fait en un autre lieu et pour une autre fin le Poète ou l'Orateur qui [est] en même temps philosophe. Bien plus, nous jugeons judicieux que le Poète ou l'Orateur porte à la scène, vêtue d'un bel habit, la vérité, dédaignée dans sa nudité, que le philosophe a tirée au jour, afin que son amour captive ceux qui ne l'approuvent nullement dans sa nudité. En effet, il faut appliquer ses efforts à faire pénétrer la vérité utile à la vie dans l'esprit (*animis*) d'absolument tous les hommes, de quelque manière que l'on puisse précisément le faire. Pour autant, nous ne blâmons ni ne proscrivons du cercle littéraire les [choses] étrangères à notre propos et expulsées du champ philosophique.

§ 150. *Pourquoi le style oratoire est à proscrire de la philosophie*

De là s'ensuit que *le philosophe doit refuser l'ornement des mots qui plaît aux Orateurs*. En effet, cet ornement consiste soit en mots impropres, soit en ambages et en circonlocutions parce que les uns et les autres sont contraires à la simplicité du style philosophique (§ 149).

Il faut s'en tenir ici aux [choses] que nous avons rappelées à l'instant au paragraphe précédent.

Chapitre VI

DE LA LIBERTÉ DE PHILOSOPHER

§ 151. *Définition de la liberté de philosopher*

Lorsque nous philosophons, soit il nous est permis d'exprimer ouvertement ce qui nous semble vrai et ce qui nous semble faux, soit il ne nous est permis de défendre comme vrai que ce qui semble tel à d'autres. Chacun accorde que, dans le premier cas, nous usons de la liberté de philosopher et que, dans le second, aucune liberté ne nous est laissée. Ainsi, la *liberté de philosopher* est la permission de présenter publiquement sa pensée (*sententiam*) sur les choses philosophiques.

Le philosophe en la possession duquel se tient la liberté de philosopher définit, juge et prouve les assertions dans la mesure où cela lui semble bon ; il ne souffre en aucune manière qu'on lui impose d'établir (*condat*) une définition ainsi que d'autres la veulent alors qu'il reconnaît qu'elle est contraire aux règles de la Logique authentique, soit qu'en jugeant il ne s'en tienne pas à son estimation mais à celle d'autres dont le jugement lui semble étranger à la vérité, soit qu'enfin il déclare valide l'argument allégué par d'autres pour établir quelque thèse, argument dont il fait l'expérience comme enveloppé de multiples doutes. Celui qui est libre en philosophant doit s'en tenir à son jugement, non à celui d'autres [gens], lorsqu'il veut enseigner (*traditurus*) la philosophie. Si un Astronome, par des raisons astronomiques qui le persuadent du mouvement annuel de la Terre autour du Soleil, juge (*statuit*) que la Terre tourne autour du Soleil en l'espace d'une année et que, en Astronomie, il explique par ce mouvement l'inégalité secondaire [du mouvement] des planètes, il s'en tient à son jugement en rendant raison de cette inégalité et, par suite, use de sa liberté de philosopher. Ainsi *Kepler* usait-il de sa liberté de philosopher, qui défendait ce mouvement parce qu'il avait constaté qu'il correspondait aux observations des phénomènes célestes [1], même si des [personnes] inexpérimentées dans les choses astronomiques le déclaraient absurde et impie.

§ 152. *Définition de la servitude philosophique*

La servitude philosophique [consiste] en revanche [à être] contraint de défendre comme vraie la pensée (*sententiam*) d'autres [gens] sur les choses philosophiques, quoique le contraire nous semble bon.

Là où, en philosophant, il n'[est] aucune liberté mais affreuse servitude, on ne permet pas d'exprimer ouvertement sa pensée (*sententiam*) sur les choses philosophiques. Il faut déclarer vrai ce qui semble tel à d'autres, quand bien même cela s'avérerait étranger à la vérité. Il faut établir (*condendae*) les définitions pour plaire à d'autres, quand bien même de telles définitions seraient en contradiction avec les règles de la définition. Il faut s'en tenir au jugement d'autres [gens], même si on voit qu'il n'est guère conforme à la vérité. Pour prouver les thèses, il faut utiliser les arguments que d'autres ont prôné comme valides, même si nous les reconnaissons être faibles au plus haut point. Si un Astronome est convaincu que le mouvement annuel de la Terre autour du Soleil convient avec les observations célestes et que, au contraire, le mouvement du Soleil autour de la terre en repos

---

1. Cf. *op. cit.*, chap. I, p. 3-8, et son argument, p. XXIX.

répugne à celles-ci, il est pourtant contraint de déclarer vrai le mouvement du Soleil et absurde le mouvement de la Terre, s'il ne veut pas encourir pour lui-même une pénible censure ; la liberté de philosopher lui fait défaut et il gémit sous le joug de la servitude. Ainsi, *Galilée*, contraint par les Cardinaux Inquisiteurs d'abjurer comme erroné le système du mouvement de la terre qu'il avait établi (*adstruxerat*) au moyen de raisons valides dans les Dialogues sur le système du monde [1], ne jouissait pas de la liberté de philosopher. Nous ne disputons pas encore [de la question de savoir] si la liberté de philosopher doit être laissée entièrement intacte, ou s'il convient qu'on la restreigne en certains [points]. Nous considérerons cela un peu plus bas. Nous faisons uniquement connaître pour l'instant ce qui se montre sous le nom de liberté de philosopher et ce que, au contraire, la servitude veut dire. Par suite, nous n'intercalons pas ici notre jugement sur les Inquisiteurs.

§ 153. *La servitude philosophique est contraire à la méthode philosophique*

Si quelqu'un doit enseigner (tradere) *la philosophie selon la méthode philosophique, on ne peut lui imposer le joug de la servitude quand il philosophe.* En effet, parce que d'autres les jugent bonnes, celui à qui on impose le joug de la servitude quand il philosophe doit admettre comme authentiques les définitions dont il constate qu'elles répugnent aux règles logiques ; parce que d'autres les prônent comme vraies, il doit admettre comme vraies des propositions de la vérité desquelles il doute, voire dont il reconnaît qu'elles sont fausses ; parce que d'autres proclament leur rigueur et leur validité (§ 152, Rem.), il doit admettre des preuves dont il reconnaît

---

1. G. Galilée, *Dialogue sur les deux grands systèmes du monde*, trad. fr. R. Fréreux avec le concours de F. de Gandt, Paris, Seuil, 1992. *Cf.* particulièrement les deuxième et troisième journées, p. 215-425 et 427-596.

qu'elles sont, en tant que démonstrations, entachées de très nombreux défauts. Mais celui qui veut enseigner (*traditurus*) la philosophie selon la méthode philosophique doit être précis en définissant (§ 116, 119), circonspect en jugeant (§ 121, 130), rigoureux en démontrant (§ 117, 118, 120, 123) et attaché à l'ordre (§ 124), par conséquent, lié aux règles de la méthode philosophique, il ne peut approuver, pour complaire à d'autres, les [choses] qui leur sont contraires. C'est pourquoi on ne peut imposer le joug de la servitude à qui veut enseigner (*tradituro*) la philosophie selon la méthode philosophique.

Il en sera peut-être quelques-uns qui se persuaderont que la liberté de philosopher, telle que nous, nous la supposons, répugne aux mœurs de tous les siècles. Je ne parlerai pas des [choses] qui sont en jeu parmi nous, où il ne manque pas de [personnes] qui visent à imposer à d'autres le joug d'une servitude de cette sorte, alors qu'elles s'arrogent elles-mêmes toute licence de penser (*sentiendi*), non seulement en philosophie, mais aussi dans les [choses] sacrées elles-mêmes ; il ne manque, en effet, pas d'autres exemples qui le confirment. *Voëtius*, un Théologien d'Utrecht, n'a-t-il pas accusé *Descartes* d'athéisme, ou, du moins, de défendre l'athéisme, parce que ce dernier ne se servait pas d'arguments usités mais entrait en une voie nouvelle, qu'il jugeait plus sûre en une affaire de tant d'importance ? Est digne d'être lue la lettre apologétique détaillée de *Descartes* à Voëtius (p. 79 et suivantes pour mémoire) qu'on a ajoutée aux Méditations sur la philosophie première à côté d'autres objections contre celles-ci, avec les réponses de *Descartes*[1]. Et ce n'est aussi que parce qu'il a lutté contre

---

1. Sur les circonstances de publication de la lettre à Voëtius (*Epistola ad Celeberrimum Virum D. Gisbertum Voetium*) et de la *Lettre Apologétique*, *cf.* AT VIII-2, Avertissement, p. III-X. Sur la querelle avec Voëtius, *cf.* également la lettre au père Dinet, AT VII, p. 596 *sq.* (trad. fr. Clerselier légèrement modifiée par M. et J.-M. Beyssade, *op. cit.*, p. 472 *sq.*).

l'athéisme, dans son *Athéisme triomphant*[1], avec d'autres armes que celles qui sont reçues, que des hommes qui ne supportaient pas la liberté de philosopher chez d'autres ont fait planer sur *Campanella* la suspicion du même crime. Il m'est fastidieux d'en rapporter davantage ! Je préférerais, en effet, que les leçons d'esprits malades et mal intentionnés ne se présentent pas parmi les érudits.

§ 154. *En choisissant une pensée* (sententia), *il faut tenir compte de la seule vérité*

Si quelqu'un doit enseigner (tradere) *la philosophie selon la méthode philosophique, il doit tenir compte de la seule vérité en choisissant ses pensées* (sententiis). En effet, qui doit enseigner (*tradere*) la philosophie selon la méthode philosophique est tenu de n'accorder de place à aucune proposition qu'il ne soit en mesure de tirer légitimement de principes suffisamment prouvés (§ 118), bien plus, il ne lui faut pas se servir de principes qui n'aient été suffisamment prouvés (§ 117), ni de termes qui n'aient été expliqués par une définition précise (§ 116). Les définitions qui correspondent aux règles de la Logique (*ibid.*, Rem.) sont censées précises, partant, on ne les admet que quand on peut démontrer qu'elles leur correspondent. Dans la Logique également, on enseigne de quelle façon les principes certains sont tantôt établis grâce à l'expérience, tantôt tirés au jour grâce aux raisonnements (§ 117, Rem.), partant, le philosophe veille à [disposer] de principes suffisamment prouvés dont il reconnaît l'évidence grâce aux règles logiques. Dans la même Logique, enfin, on enseigne de quelle façon on tire des principes les conclusions par une conséquence légitime (§ 118, Rem.), par conséquent, le philosophe

1. *Atheismus triumphatus, seu reductio ad religionem per scientarum veritates*, Paris, Du Bray, 1636.

n'admet comme démontré que ce dont il est en mesure d'établir (*evincere*) qu'on l'a démontré grâce aux règles de la Logique. Toute connaissance du philosophe revient aux définitions, aux propositions et à leurs démonstrations, ce qui [est] manifeste par son œuvre même et que l'on peut démontrer dans la Logique. C'est pourquoi, s'il enseigne (*tradit*) la philosophie selon la méthode philosophique, il n'admet que ce qu'il peut admettre grâce aux règles logiques. Assurément, la Logique enseigne (*tradit*) les règles par lesquelles on dirige la faculté de connaître dans la connaissance de la vérité (§ 61), conséquemment, celui qui n'admet que ce qu'il peut admettre grâce aux règles logiques n'admet rien que parce qu'il reconnaît avec évidence que c'est vrai. Ainsi, celui qui veut enseigner (*traditurus*) la philosophie selon la méthode philosophique doit, en choisissant ses pensées (*sententiis*), tenir compte de la seule vérité.

§ 155. *Il ne faut pas prêter attention aux raisons extrinsèques*

Il s'ensuit de là que, *tant que l'on enseigne* (traditur) *la philosophie selon la méthode philosophique, on doit bannir toutes les raisons extrinsèques en choisissant ses pensées* (sententia). En effet, celui qui doit tenir compte de la vérité au point de préférer une pensée (*sententiam*) à d'autres parce qu'il constate qu'elle est conforme à la vérité (§ 154) ne choisit pas une certaine pensée (*sententiam*) pour d'autres raisons, dérivées d'ailleurs que de la connaissance même des choses, sous quelque nom qu'elles se montrent précisément.

Il est indifférent à celui qui philosophe selon la méthode philosophique si la vérité a déjà été reconnue autrefois ou seulement dévoilée plus récemment, si elle est aujourd'hui valorisée ou méprisée, si elle a été tirée au jour par d'autres ou découverte plus tard par lui-même, par ses propres forces, si elle est défendue par un homme qui a acquis un nom célèbre ou cachée dans le livre d'un auteur au nom obscur. C'est la vérité qu'il aime pour elle-même et qu'il apprécie le plus à cause d'elle-même; il ne la ramène pas à la renommée, aux richesses ni à la faveur d'autres [gens]. Le philosophe ne poursuit pas les biens de la fortune aux dépens de la vérité. D'ailleurs, [sup]posons que celui qui veut enseigner (*traditurum*) la philosophie selon la méthode philosophique admette comme vrai ce qui [est] erroné ou comme certain ce qui est douteux, pour gagner la faveur d'autres [gens] ou parce qu'il voit que, en défendant de telles [choses], il lutte pour la renommée d'un nom illustre, ou pour verser du vin de pacotille au lecteur imprudent, puisqu'il démontre à partir des [choses] précédentes les suivantes (§ 132) et qu'il tire de principes erronés et incertains des [choses] erronées et incertaines (§ 117), soit il doit multiplier continûment les erreurs et conduire d'autres [gens] à l'erreur pour son intérêt privé, donc en toute connaissance de cause, soit il ne doit nullement relier entre elles les [choses] qu'il enseigne, c'est-à-dire renoncer à la méthode philosophique qui ne recommande [rien] de moins que de n'admettre en philosophie aucune proposition qui n'ait été tirée légitimement de principes suffisamment prouvés (§ 118), ainsi que de faire connaître et de démontrer les [choses] suivantes par les précédentes (§ 132). Je n'insiste pas sur [le fait] qu'il est étranger à l'honnêteté et aux mœurs de l'homme libre d'en circonvenir d'autres par la fraude à cause de son intérêt privé.

§ 156. *Le philosophe doit s'en tenir à son jugement*

Si quelqu'un doit enseigner (tradere) *la philosophie selon la méthode philosophique, il doit s'en tenir à son jugement, non à celui d'autres [gens].* Celui qui veut enseigner (*traditurus*) la philosophie selon la méthode philosophique ne doit se servir de termes qui n'aient été expliqués par une définition précise (§ 116), ni de principes qui n'aient été suffisamment prouvés (§ 117), il ne doit admettre de proposition qui ne soit légitimement tirée de principes suffisamment prouvés (§ 118),

et s'il ne peut démontrer ce qui est utile à connaître, il lui faut
en établir (*adstruenda*) la probabilité par une raison convenable et bien distinguer les [choses] probables des [choses]
certaines (§ 125). Quelles définitions sont exactes, quand on
prouve suffisamment un principe, de quelle façon on tire des
principes les conclusions par une conséquence légitime, d'où
on connaît les [choses] qui font encore défaut à la connaissance certaine, on l'enseigne dans la Logique (§ 116, 117, 118
et 125). Donc le philosophe qui veut enseigner (*traditurus*) la
philosophie selon la méthode philosophique doit appliquer les
règles générales qui y sont enseignées (*traditas*) aux cas particuliers, c'est-à-dire aux définitions, aux principes et aux propositions. Tant qu'il juge ainsi de la validité des définitions, des
principes et des propositions, il s'en tient à son jugement et non
à celui d'autres [gens]; en effet, si lui-même s'en tenait au
jugement d'autres [gens], il n'aurait pas besoin de cette
enquête. Mais cela répugne à la méthode philosophique.

Celui qui rassemble par lui-même plusieurs nombres en une
somme juge (*statuit*) lui-même de sa quantité, quand bien même autrui
l'aurait assignée autrement par erreur. De fait, si, sur la foi d'autrui, il
voulait admettre comme somme la quantité qu'il a assignée, lui-même
n'aurait pas besoin du calcul. Pareillement, si quelqu'un admet les
définitions, les principes et les propositions à cause de l'autorité
d'autrui, il n'a pas besoin d'en venir à l'examen selon les règles
logiques des [choses] que d'autres affirment ou nient. Et il n'est pas
non plus besoin qu'il connaisse particulièrement les règles logiques
et qu'il excelle dans l'habileté à les mettre en pratique; ce qui est
pourtant contradictoire lorsqu'il doit enseigner (*tradere*) la philosophie selon la méthode philosophique (§ 135). D'ailleurs, si c'est
seulement à cause de l'autorité d'autres [gens], en négligeant son
propre jugement, que quelqu'un admet des définitions comme
précises, des principes comme suffisamment prouvés, des propositions comme légitimement tirées de ceux-ci et d'autres comme des

propositions probables, il sait seulement quelles [choses] dit autrui,
par conséquent, il ne possède qu'une connaissance historique de la
connaissance d'autrui (§ 3). De lui, par suite, tu ne pourrais [rien]
requérir d'autre de la connaissance philosophique [qu'il a] d'autres
[gens] que la connaissance historique (§ 8). Qui ne se moquerait pas
d'un Mathématicien censé prouver le théorème géométrique de la
quantité des angles dans le triangle rectangle, à savoir qu'ils sont
égaux à deux droits, s'il en appelait à *Euclide* et au consensus de tous
les Mathématiciens ? Qui ne se moquerait pas de lui s'il affirmait, pour
présenter la démonstration, qu'on démontre le théorème par l'égalité
des angles alternes entre les parallèles et que cette démonstration est
tenue pour des plus valide par le consensus de tous les Mathématiciens, tandis qu'il les réprimanderait s'ils donnaient la démonstration développée elle-même ? Il faut donc se moquer au même titre de
ceux qui commandent qu'on prône la définition comme précise, le
principe comme suffisamment prouvé, la proposition comme démontrée ou probable, parce que d'autres, qui ont acquis la renommée, ont
prôné la première comme précise, le deuxième comme suffisamment
prouvé, la troisième comme démontrée ou probable ; ou se moquer de
ceux qui veulent qu'on reconnaisse les arguments allégués par
d'autres comme fermes et valides, tout en ne supportant pas qu'on
les réduise à la forme de la démonstration authentique. Certains
s'étonneront peut-être de ce pourquoi on inculque si studieusement
des [choses] que personne de sain ne révoquerait en doute ; mais il faut
s'accommoder de l'époque. Nous sommes plus qu'assez persuadé
qu'il est utile que nous procédions à ce rappel.

§ 157. *Jusqu'à quel point il admet les enseignements* (tradita) *d'autres* [*gens*]

Si quelqu'un doit enseigner (tradere) *la philosophie selon
la méthode philosophique, il n'admet les enseignements* (tradita) *d'autres* [*gens*] *qu'en tant qu'ils peuvent être démontrés
et compris à partir de ses principes.* Celui qui veut enseigner
(*traditurus*) la philosophie selon la méthode philosophique

n'utilise pas, dans les définitions et les propositions, de termes qui n'aient été expliqués dans les [choses] antérieures (§ 116, 119), et, dans les démonstrations, de propositions qui n'aient été démontrées dans les [choses] antérieures (§ 120). C'est pourquoi, s'il fait sienne la définition d'autrui, elle ne doit pas contenir de termes que lui-même n'ait expliqués. S'il fait sienne la proposition d'autrui, il doit expliquer les termes dont elle se compose et il est tenu de la démontrer par des propositions qu'il a démontrées. Ainsi, il n'admet les enseignements (*tradita*) d'autres [gens] qu'en tant qu'il peut les comprendre et les démontrer à partir des siens.

§ 158. *Le désaccord sur les mots ne répugne pas au consensus sur la chose*

De là s'ensuit qu'*il peut se produire que celui qui veut enseigner* (traditurus) *la philosophie selon la méthode philosophique soit en désaccord avec d'autres quant aux mots, même s'il est un consensus sur la chose, et, vice versa, qu'il soit un consensus sur les mots, même si l'on ne convient pas entre soi de la chose*. En effet, qui enseigne (*tradit*) la philosophie selon la méthode philosophique réduit les mots d'une signification vague à une signification fixe (§ 144) et s'attache constamment à la même signification (§ 143). Et s'il arrive donc qu'autrui utilise quelque mot dans une autre signification, soit par inconstance dans l'usage des mots, soit par l'usage de son droit de dénommer, droit par lequel chacun est libre d'imposer à la chose qu'il a découverte (*inventae*) le nom qui lui a semblé approprié, il est un consensus sur la chose mais un désaccord sur les mots, lorsque l'un et l'autre ont porté sur la même chose un jugement [qui] n'[est] pas étranger à la vérité; et lorsque l'un ou l'autre a porté sur la chose qu'il dénote par quelque vocable un jugement contraire à la vérité, cela n'implique pas que ce jugement soit vrai, si le vocable est pris dans la signification que l'autre lui attribue, partant, il sera un consensus sur les mots, même si l'on ne convient pas entre soi de la chose.

Ce n'est pas maintenant notre dessein de toucher tous les cas dans lesquels il survient que le consensus sur les mots soit associé à un désaccord sur la chose, et, inversement, où le désaccord sur les mots s'accompagne d'un consensus sur la chose. Il suffit que nous montrions que l'un et l'autre peuvent se produire. Et afin qu'il subsiste moins de doute chez ceux qui ne peuvent peser le poids des raisons, nous illustrons et confirmons par des exemples ce qui a été dit. Par exemple, *Leibniz*, dans son éminent ouvrage, la *Théodicée*, a pris, dans une signification très générale, le vocable *monde* pour la série tout entière des choses existantes et se succédant mutuellement[1], parce qu'il avait saisi que cette signification [était] la plus convenable à son dessein et qu'il avait compris qu'elle ne répugnait pas à l'usage de la langue. Celui qui était censé porter un jugement sur cette série tout entière des choses a donc affirmé qu'elle était la meilleure de toutes les possibles. Et il a jugé (*statuebat*) de ce fait que le monde qui existe était le meilleur. En revanche, dans l'Écriture sainte, le vocable *monde* est pris pour le genre humain tout entier, et dans cette signification de monde, le saint écrivain, censé porter un jugement, affirme que le monde entier est mauvais. Entre le saint écrivain et *Leibniz*, il est un désaccord sur les mots, même s'ils conviennent de la chose. En effet, *Leibniz* ne nie pas que tout le genre humain soit contaminé par le mal moral, et on ne nie nulle part dans les [livres] saints que Dieu a choisi la meilleure série de choses parmi toutes les possibles. Bien plus, après avoir apprécié la chose avec plus de soin, nous faisons l'expérience que, dans la Théodicée, *Leibniz* admet comme placé hors de tout doute que tout le genre humain est contaminé par le mal moral, et que s'accorde avec les énoncés de l'Écriture sainte que la série de

---

1. *Cf.* par exemple *Essais de Théodicée*, intro. et notes J. Brunschwig, Paris, GF-Flammarion, 1969, première partie, § 8, p. 108.

choses que Dieu a choisie était la meilleure parmi toutes les possibles. Il ne manque pas d'exemples en Mathématique qui confirment ce qui a été dit. L'opticien appelle opaque, par opposition à lumineux, un corps qui n'émet pas de lumière. Un Astronome qui, en Astronomie, utilise les vérités de l'Optique, prend les vocables *corps opaque* dans la même signification que celle que l'opticien leur attribue. Et, en supposant cette signification, il affirme que la lune est un corps opaque. Le saint écrivain appelle *luminaire* ce qui diffuse la lumière sur les opaques, et, dans cette signification, il appelle luminaires la lune de même que le soleil. Dans ces deux propositions-ci, la lune est un corps opaque et la lune est un luminaire, il est un désaccord sur les mots mais non sur la chose car, de la chose, l'Astronome et le saint écrivain conviennent entre eux. En effet, celui-ci n'affirme pas que la lune émette de la lumière, partant, il ne nie pas qu'elle soit un corps opaque ; et celui-là ne nie pas que la lune diffuse la lumière sur les corps opaques terrestres, partant, il accorde qu'elle luit. Sans aucun doute, il est vrai que la lune n'émet pas de rayons de même que le Soleil mais qu'elle est dépourvue de lumière par elle-même ; à ceci, pourtant, ne répugne pas [le fait] que la lune peut diffuser sur la Terre la lumière reçue du Soleil et ainsi illuminer les corps terrestres dressés dans les ténèbres. Pareillement, *Leibniz* appelle calcul ou *méthode différentielle* l'algorithme des quantités différentielles ; pour *Newton*, en revanche, la *méthode différentielle* est la méthode singulière pour décrire une courbe de genre parabolique passant par des points donnés, aussi nombreux soient-ils. Celui qui veut juger de l'usage de la méthode différentielle au sens *Leibnizien* affirme que, par la méthode différentielle, on peut déterminer très aisément les tangentes de toutes les courbes algébriques sans s'attarder sur les fractions ni sur les quantités des racines. Mais on ne peut prédiquer la même [chose] de la méthode différentielle au sens *Newtonien*. C'est pourquoi, si quelqu'un nie la même [chose] de la méthode *Newtonienne*, il n'est pas en désaccord quant à la chose mais quant aux mots avec un autre qui l'affirme de la méthode *Leibnizienne*. En outre, *Newton* appelle *fluxions* les quantités infiniment petites par lesquelles les [choses] croissantes sont continûment augmentées et les [choses] décroissantes continûment diminuées; *Leibniz* les appelle *différences* ou *quantités différentielles* [1]. Ici, *Newton* et *Leibniz* sont certes en désaccord quant aux mots mais conviennent entre eux de la chose, à savoir de ce que les fluxions ou les différentielles ont effectivement un rapport inassignable aux [choses] fluentes ou variables.

§ 159. *La raison d'une même pensée* (sententiae)
[*peut être*] *différente*

En outre, il est patent qu'*il peut se produire que celui qui enseigne* (tradens) *la philosophie selon la méthode philosophique n'affirme pas la même* [*chose*] *pour la même raison pour laquelle autrui l'affirme.* En effet, celui qui enseigne (*tradit*) la philosophie selon la méthode philosophique n'admet la proposition qu'autrui a enseignée (*traditam*) qu'en tant qu'il la tire légitimement de principes que lui-même a suffisamment prouvés dans ce qui précède (§ 118, 120). Et donc, si ces principes sont de ceux dont autrui se sert pour établir quelque proposition, il est évident qu'il n'affirme pas la même [chose] pour la même raison pour laquelle autrui l'affirme. Le fait même nous enseigne qu'il peut se produire qu'on démontre une seule et même proposition par une raison différente.

La même [chose] prévaut en Mathématique; en effet, qui ignorerait qu'on a coutume de démontrer un seul et même théorème de diverses manières, sinon celui qui lui serait étranger ou qui n'en aurait pas ouvert plus d'un livre? Lorsque, cependant, nous voyons que ceux

---

1. *Cf.* I. Newton, *La méthode des fluxions et des suites infinies*, trad. fr. M. de Buffon, Paris, Debure, 1740, notamment p. 21 et 49 *sq. Cf.* également Georg Wilhelm Leibniz, *La naissance du calcul différentiel,* intro., trad. fr. et notes M. Parmentier, préface M. Serres, «Mathesis», Paris, Vrin, 1989, notamment p. 110.

qui affirment et nient la même [chose] peuvent s'appuyer sur une raison différente, si nous comprenons qu'autrui défend quelque thèse mal prouvée par un auteur, il ne faudra pas dire de même qu'il s'est mal occupé de sa cause avant d'avoir vu avec netteté ses raisons. Les [choses] dont quelque auteur ne peut prouver la vérité peuvent être vraies. C'est pourquoi il ne répugne pas qu'un autre vienne un jour, qui montre la vérité avec évidence. Une thèse ne se révèle pas erronée parce qu'on l'a mal prouvée ; mais il faut établir (*evincendum*) qu'elle est erronée par une ferme démonstration. Assurément, s'il est plusieurs raisons pour une seule et même chose, on peut l'établir (*adstrui*) solidement pour une raison différente. Par exemple, on peut donner plusieurs raisons à l'utilité (*utilitatis*) de l'étude mathématique pour philosopher, à savoir en tant qu'elle procure à la philosophie des principes ou des exemples illustrant bien nombre de règles et de notions, et qu'elle prépare l'esprit à la science. Donc, l'un est en mesure d'établir (*evincere*) l'utilité (*utilitatem*) de la Mathématique par tel argument, l'autre par tel autre. Pareillement, il n'est pas une unique raison pour laquelle on combat et rejette aujourd'hui l'influx physique de l'âme sur le corps et du corps sur l'âme. Il en est certains qui le rejettent parce qu'on ne peut l'expliquer distinctement. Mais il serait aberrant de vouloir imputer à tous ceux qui ne l'admettent pas qu'eux-mêmes le proscrivent de la philosophie pour nulle autre raison que parce qu'ils n'en ont aucun concept. Pareillement, il ne manque pas de [personnes] qui rejettent l'influx physique parce qu'elles jugent impossible l'action de l'esprit (*spiritus*) fini sur le corps. Toutefois, il serait aberrant d'attribuer à tous ceux pour qui l'influx n'est pas prouvé la pensée (*sententiam*) de l'impossibilité de l'action de l'esprit (*spiritus*) fini sur le corps.

§ 160. *On peut adopter une partie de la pensée* (sententiae) *d'autrui et l'abandonner en son entier*

Il n'est pas moins patent qu'*il peut se produire que celui qui enseigne* (tradens) *la philosophie selon la méthode philosophique n'adopte pas la pensée* (sententiam) *d'autrui en son entier mais seulement quelque partie de celle-ci.* De fait, celui qui enseigne (*tradens*) la philosophie selon la méthode philosophique n'admet les enseignements (*traditas*) d'autres [gens] qu'en tant qu'il est en mesure de les tirer légitimement de principes qu'il a établis (§ 118). Et s'il arrive donc qu'il ne puisse tirer de ses principes que quelques [choses] de ce qu'autrui défend, il n'adopte pas la pensée (*sententiam*) d'un autre en son entier mais seulement la partie qu'il est en mesure de tirer de ses principes.

Ceux qui ne philosophent pas selon la méthode philosophique et ne déterminent pas leur assentiment seulement par des raisons intrinsèques mais aussi par des raisons extrinsèques, dont nous avons passé plusieurs en revue ci-dessus (§ 155, Rem.), ont coutume d'adopter la pensée (*sententiam*) d'autres [gens] en son entier, pensée dont ils saisissent seulement quelque partie comme conforme à leurs principes. Or, cette précipitation n'est pas compatible avec la méthode philosophique, qui rejette les raisons extrinsèques. Par exemple, les Scolastiques et, avec eux, les Théologiens antiques distinguent l'éternité absolue et indépendante, qui revient à Dieu seul, de l'éternité dépendante dont ils estiment qu'elle ne répugne pas au monde. Quelqu'un peut admettre la démarcation entre éternité indépendante et dépendante parce que lui-même est en mesure de la montrer avec évidence à partir de ses principes, mais il n'est pas pour autant besoin qu'il défende l'éternité actuelle du monde ou qu'il la reconnaisse comme possible; il serait assurément aberrant d'attribuer la pensée (*sententiam*) de l'éternité actuelle à celui qui soutient l'éternité possible. Ceux qui regardent l'éternité du monde comme possible reconnaissent également l'éternité dépendante comme possible. Mais il est vrai que ceux qui admettent seulement la démarcation entre l'éternité indépendante et l'éternité dépendante ne jugent (*statuunt*) possible l'éternité dépendante qu'hypothétiquement, à savoir en [sup]posant que l'éternité du monde est possible. *Leibniz* juge (*statuit*) que les éléments des choses matérielles sont les monades, ou substances simples, qui jouissent de la force limitée de se représenter l'univers[1]. Quelqu'un peut admettre que les substances simples sont les éléments des choses matérielles, il peut même leur attribuer la force par laquelle elles sont modifiées continûment; il n'est pourtant pas besoin qu'il reconnaisse en elles la force de se représenter l'univers. En effet, celui qui concède que quelque étant se ramène à un certain genre n'est pas tenu d'accorder à autrui qu'il relève de quelque espèce donnée contenue sous ce genre, puisqu'il est plusieurs espèces d'un même genre. *Copernic* a établi le Soleil comme centre des mouvements des planètes et a également compté la Terre au nombre de celles-ci. *Tycho* a admis le Soleil comme centre des mouvements des planètes; pourtant, il n'a pas supposé (*assumsit*) pour cela le mouvement de la Terre autour du Soleil[2].

§ 161. *Quand on éclaire par une lumière plus grande ce qui a été dit par d'autres*

Si quelqu'un enseigne (tradit) *la philosophie selon la méthode philosophique, il peut faire en sorte que ce qui a été dit par d'autres soit compris plus clairement, soit amené à une certitude plus grande et que soit vue avec netteté sa liaison avec les autres vérités.* Celui qui enseigne (*tradit*) la philosophie selon la méthode philosophique n'admet pas de propositions dont il n'ait lui-même expliqué les termes (§ 116) et qu'il ne soit en mesure de tirer légitimement de principes suffisamment prouvés auparavant (§ 117, 118). C'est pourquoi, s'il emprunte des propositions à d'autres, il ne les

---

1. *Cf.* par exemple G. W. Leibniz, *Monadologie*, édition établie, présentée et annotée par M. Fichant, « Folio essais », Paris, Gallimard, 2004, p. 219-244.
2. *Cf.* Nicolas Copernic, *Des révolutions des orbes célestes*, trad. fr., intro. et notes A. Koyré, Paris, Blanchard, 1970, livre I, chap. X, notamment le modèle p. 114. *Cf.* également Tycho Brahé, *Opera omnia*, Amsterdam, Swets & Zeitlinger, 1972, t. IV, notamment le modèle p. 158.

admet qu'en tant qu'il peut les expliquer par ses définitions et les démontrer à partir de ses principes. Et ainsi, si d'autres n'ont, soit pas du tout, soit pas assez précisément défini les termes entrant dans les propositions, et que lui-même en a enseigné (*tradiderit*) de meilleures définitions, lui-même a fait en sorte qu'on comprenne plus clairement ce qui a été dit par d'autres. Pareillement, si d'autres n'ont, soit pas du tout démontré, soit pas suffisamment établi (*evincerint*) la vérité d'une proposition, que, surtout, ils l'ont présentée hors de sa liaison avec d'autres vérités, et que lui-même en a au contraire donné une démonstration plus ferme et l'a exhibée comme reliée avec les autres vérités dans un système, lui-même a fait en sorte qu'elle soit amenée à une certitude plus grande et que soit vue avec netteté sa liaison avec les autres.

Celui qui enseigne (*tradens*) la philosophie selon la méthode philosophique éclaire donc très souvent les [choses] que d'autres ont dites par une lumière grande et nouvelle, et lorsqu'il les explique par ses définitions, les démontre à partir de ses principes, voire les utilise par la suite, de même que les autres, comme principes pour démontrer d'autres [choses], il les fait siennes. D'où il survient que la plupart des [gens] ne comprennent pas suffisamment ce qui est dit par d'autres, ni ne voient avec netteté leur vérité à fond que lorsque cette lumière l'a élucidé. Par exemple, *Robert Hooke* avait enseigné que les planètes primaires sont attirées vers le Soleil par la gravité et détournées des mouvements rectilignes par la force de cette gravité ; mais il n'avait pas pu démontrer cette hypothèse [1]. Mais il est vrai que, après que *Newton* eut démontré avec la plus haute rigueur géométrique, dans son éminent ouvrage des *principes mathématiques de la philosophie naturelle* [2], que, l'*impetus* imprimé et la gravité vers le centre du Soleil

---

1. *An Attempt to Prove the Motion of Earth from Observations*, London, Martyn, 1674.

2. *Op. cit.*

une fois admis, les planètes ne peuvent se mouvoir sur une autre orbite que celle d'une ellipse *Apollonienne* [1] selon les lois établies par *Kepler* grâce à des observations, et que la force par laquelle les planètes sont détournées des mouvements rectilignes tend vers le centre du Soleil et observe les lois de la gravitation, il serait absolument aberrant que quelqu'un, pour déprécier les découvertes (*inventis*) du grand homme, veuille soutenir que *Hooke* avait déjà enseigné (*traditas*) les causes physiques des mouvements célestes. Les démonstrations *Newtoniennes* requièrent une force d'esprit (*ingenii*) et une acuité de jugement tout autres, ainsi que bien davantage de Géométrie plus poussée et de science mathématique que ce qui suffit pour que vienne à l'esprit de celui qui évalue les orbites elliptiques de *Kepler* et le mouvement parabolique des projectiles enseigné (*traditum*) par *Galilée* la pensée de la gravité vers le Soleil à cause du mouvement elliptique ou plutôt, du moins, curviligne [2]. Tout autrement en va-t-il lorsque ceux qui philosophent selon une autre méthode que la méthode philosophique griffonnent leurs centons à partir d'autres [œuvres], dans lesquels non seulement ils ne répandent aucune nouvelle lumière sur les [pensées] étrangères mais où, très souvent, ils font plutôt entrer de nouvelles ténèbres tandis que, non seulement ils les expliquent et les démontrent moins que d'autres ne l'ont fait, mais que le sens en est entièrement déformé en un sens étranger, pour garder le silence sur d'autres défauts par lesquels ils déforment les [choses] que d'autres ont bien posées.

§ 162. *Pourquoi c'est peine perdue pour le philosophe que de réfuter les erreurs*

Si quelqu'un philosophe selon la méthode philosophique, il n'a pas besoin de réfuter les pensées (sententias) *opposées.*

1. *Cf.* Apollonius, *op. cit.*, livre I, proposition XIII, p. 28 *sq.* Sur l'ellipse apollonnienne, *cf.* également Ch. Wolff, *Mathematisches Lexicon, GW* I, 11, col. 581-584.
2. *Cf.* I. Newton, *op. cit.*, livre III, proposition-théorème XIII (trad. fr. Marquise du Châtelet p. 29; trad. fr. Ch. Scotta, p. 98).

En effet, celui qui philosophe selon la méthode philosophique n'admet pas comme vraie de proposition qu'il ne soit en mesure de tirer de principes qu'il a suffisamment prouvés (§ 117, 118), il distingue les [choses] probables des [choses] certaines (§ 125) et n'utilise pas d'hypothèses comme principes en démontrant ses dogmes (§ 128). Et, si donc quelqu'un pense (*sentit*) autrement, soit il nie ce qu'autrui affirme, soit il prône comme incertain ce que celui-là tient pour démontré, et tient au contraire pour certain ce que celui-là déclare incertain. C'est pourquoi, puisque celui-là démontre l'affirmative, il a par là même détruit la négative, et celui qui perçoit la démonstration, puisqu'il embrasse l'affirmative comme certaine, laisse de côté, de son propre mouvement, la négative. Ainsi, il serait superflu de se donner la peine particulière de réfuter la pensée (*sententiae*) négative. Il en va de même façon si l'on a établi (*evicta*) la négative tandis que d'autres envisagent l'affirmative. Pareillement, si celui qui philosophe selon la méthode philosophique ne peut établir (*adstrui*) quelque proposition que de façon probable, cela ne perturberait personne quand bien même un autre la prônerait comme certaine. En effet, puisque celui-là indique les raisons qui manquent pour que l'on puisse démontrer la thèse, tant qu'un autre ne supplée pas au défaut, personne, voyant avec netteté et évidence le défaut, n'aura foi en son assertion. Ainsi, il serait inutile qu'il veuille se donner la peine particulière de réfuter la pensée (*sententia*) d'autrui.

Porté par ces raisons, le Philosophe ne démontre que la vérité de ses propositions, et s'il arrive un jour qu'il soit besoin d'écarter la proposition opposée, soit, à la façon d'un corollaire, il infère la fausseté de l'opposée, soit, de façon indirecte, il utilise la démonstration pour asseoir la vraie proposition. C'est bien sûr cet usage (*morem*) que le philosophe suit lorsqu'il a à cœur la seule vérité ; ce qui ne peut pas

ne pas se produire lorsqu'il se fixe de philosopher selon la méthode
philosophique. Celui qui ne donne rien à l'affect, ni ne prend plaisir à
ce que d'autres se sont trompés, mais se plaît uniquement à faire en
même temps participer d'autres [gens] à la vérité qu'il reconnaît avec
évidence, ne jugera pas [qu'il soit] de moyen plus convenable de
réfuter les erreurs que celui de démontrer de façon indirecte les vérités
qui leur sont opposées. Il sera permis de reconnaître avec plus d'évidence la vanité [qu'il y a] à rechercher la gloire à partir des erreurs
[commises par] d'autres dès que nous aurons entièrement traité de
l'origine de l'erreur dans la Logique (§ 626 *sq.*) [1].

§ 163. *Celui qui philosophe selon la méthode*
philosophique ne contredit pas la vérité révélée

Si quelqu'un philosophe selon la méthode philosophique,
il ne peut défendre de [choses] contraires à la vérité révélée.
En effet, celui qui philosophe selon la méthode philosophique
n'admet comme vrai que ce qui a été suffisamment démontré
(§ 117, 118); s'il lui arrive de se tromper quelque part, on le
convainc aisément de son erreur, une fois montrée la contradiction de la proposition erronée avec ses principes, et puisqu'il
tient compte de la seule vérité (§ 154), il ne disconvient pas de
l'erreur reconnue mais la corrige; il est néanmoins nécessaire
que cela se produise à cause de ce que, puisqu'il tire des [choses]
précédentes les suivantes (§ 120), il se barre lui-même la voie à
des [choses] plus poussées. Désormais, il est placé hors de
controverse que la vérité naturelle, ou philosophique, ne peut
contredire la vérité révélée, même si nous ne pouvons le
démontrer en ce lieu et que nous le montrerons en son lieu. Et
donc, si quelqu'un philosophe selon la méthode philosophique,
il ne défend pas de [choses] contraires à la vérité révélée.

1. *Op. cit.*, p. 458 *sq.*

Il peut se produire qu'il défende des [choses] contraires aux interprétations erronées de l'Écriture sainte ou aux [choses] que l'on en tire par une conséquence non légitime. Mais l'interprétation erronée de l'Écriture sainte et les [choses] que l'on en tire par une conséquence peu légitime ne sont pas des vérités révélées. C'est pourquoi, s'il arrive que le philosophe tombe sur une proposition contraire à une proposition théologique ou à l'interprétation d'un certain endroit de l'Écriture, puisque le théologien ne peut pas moins se tromper que le philosophe, on doit soumettre à l'examen non seulement la thèse philosophique mais aussi la thèse théologique et l'interprétation de l'Écriture. Par exemple, certains Pères de l'Église croyaient jadis que la rotondité de la Terre était opposée à l'Écriture sainte à cause de certains endroits de l'Écriture qu'ils interprétaient de sorte que la rotondité de la Terre ne puisse pas être compatible avec eux[1]. Connaissant les choses astronomiques, le philosophe démontrait que la Terre était ronde et non hémisphérique. La thèse philosophique contredisait alors l'interprétation de certains endroits de l'Écriture. On n'a pas pu prendre pour vraie l'interprétation de l'Écriture et, dès lors, dénoncer comme erronée la thèse philosophique. Il incombait plutôt, et au philosophe d'examiner sa démonstration, et au théologien son interprétation de l'Écriture sainte. Les Philosophes firent ce qui relevait de leurs tâches et démontrèrent finalement avec tant d'évidence la rotondité de la Terre qu'il fut impossible d'en douter. Ébranlés par cette lumière, les Théologiens reconnurent que leur interprétation de l'Écriture était fausse et revinrent ainsi en grâce auprès des philosophes.

§ 164. *Et il n'enseigne pas de [choses] contraires à la vertu*

Si quelqu'un philosophe selon la méthode philosophique, il ne peut enseigner de [choses] contraires à la vertu. Celui qui philosophe selon la méthode philosophique n'admet pas

---

1. J. École, en *GW* II, 1.1, p. 182, désigne Lactance comme un de ceux-là.

comme certaines de [choses] qui n'aient été démontrées
(§ 117, 118), ni comme probables de [choses] dont il ne soit
en mesure d'établir (*adstruere*) la probabilité par une raison
convenable (§ 125), et il n'utilise pas d'hypothèses pour
prouver ses dogmes (§ 128). Les [choses] que l'on peut
démontrer à partir de principes vrais ne peuvent répugner à la
vertu, car on établit la notion même de vertu par ces principes,
ce qui sera patent dans la philosophie pratique universelle. Au
vrai, celui qui n'utilise pas de [choses] probables en établissant
ses dogmes, ni ne concède quelque place à l'hypothèse,
quelque probable qu'elle soit, ne préjuge cependant rien
que ce soit quant à la vertu, quand bien même les [choses]
probables ne seraient pas tout à fait conformes à la vérité et que
l'hypothèse tromperait entièrement.

Par exemple, si quelqu'un philosophe selon la méthode philosophique, il ne crée rien de dangereux pour la vertu, quand bien même
tromperait l'hypothèse qu'il utilise en expliquant le commerce entre
l'esprit et le corps. En effet, celui qui philosophe selon la méthode
philosophique ne prône pas l'hypothèse comme vérité démontrée, ni
ne l'utilise par suite dans la démonstration des principes moraux. Il
prend en effet comme principes ce qui est certain par l'expérience et ce
en vue de l'explication de quoi on cultive l'hypothèse. Or, ce qui [est]
conforme à l'expérience ne reçoit aucune souillure de l'hypothèse par
laquelle le philosophe s'efforce de l'expliquer. [Sup]posons qu'il
adopte le système de l'harmonie préétablie élaboré par *Leibniz*
pour expliquer le commerce entre l'esprit et le corps[1]. Puisqu'il [est]
conforme à l'expérience que l'âme et le corps agissent comme s'ils
influaient mutuellement l'un sur l'autre, on prend cela pour vrai dans
toute hypothèse, quelle qu'elle soit, qu'on élabore finalement pour

---

1. *Cf.* par exemple G. W. Leibniz, *Système nouveau de la nature et de la
communication des substances*, présentation et notes de Ch. Frémont, Paris,
GF-Flammarion, 1994.

expliquer ce commerce, par conséquent même dans le système *Leibnizien*. Dans la pratique morale, nous prenons alors ce qui [est] conforme à l'expérience et prescrivons ce qui serait tel si l'âme et le corps influaient mutuellement l'un sur l'autre. En effet, quand bien même le système de l'harmonie préétablie lui serait contraire, on n'en conclurait pourtant pas qu'est faux ce qui est en accord avec le témoignage certain de l'expérience mais, au contraire, lorsqu'on reconnaîtrait une répugnance, on en inférerait que l'hypothèse est fausse. C'est en vain que nous craignons donc de [la part de] l'harmonie préétablie la dépravation de la vertu. La curie Romaine a reconnu ces [choses]-là, qui permet d'utiliser le système *Copernicien* comme hypothèse dans l'explication et le calcul des mouvements célestes mais non comme dogme pour expliquer l'Écriture sainte conformément à lui avant que sa vérité ne soit aussi évidente que l'est celle de la rotondité de la Terre. Ceux qui, soit contredisent la vérité, soit enseignent des [choses] telles qu'on en tire par une conséquence légitime une répugnance par rapport à elle, philosophent contre la méthode philosophique en utilisant des principes incertains ou des démonstrations peu fermes. Il faut donc démontrer cette répugnance à partir de leurs principes et, surtout, on doit indiquer l'incertitude de leurs principes et leurs paralogismes.

§ 165. *Ni de [choses] contraires à l'État*

Celui qui philosophe selon la méthode philosophique n'enseigne pas de [choses] contraires à l'État. Nous supposons que l'État n'a pas dégénéré outre mesure de la forme véritable, sur quoi la démonstration se déroule comme précédemment (§ 164). Et s'il arrive toutefois que sa forme soit déviante, alors celui qui philosophe selon la méthode philosophique ne crée pourtant pas de troubles parce qu'il enseigne seulement la forme authentique en général, sans en faire aucune application au [cas] singulier. En effet, ce sont les vérités universelles, nullement les singulières, qui sont l'affaire du philosophe. Et puisque dans une authentique philosophie civile, on établit comme loi ultime le salut et la tranquillité publique, celui qui philosophe selon la méthode philosophique ne peut pas admettre de [choses] qui y répugnent à cause de la liaison des vérités à laquelle il aspire (§ 133). C'est pourquoi, s'il reconnaît qu'il ne peut vulgariser son dogme sans crainte de troubles, il l'entoure de silence pour que sa tranquillité soit en accord avec l'État autant qu'avec l'Église.

[A cela] vient s'ajouter que la démonstration philosophique aiguise certes l'acuité de l'esprit pour nous pousser à l'assentiment, mais qu'elle n'excite en aucune manière notre esprit (*animum*) pour nous incliner aux troubles, surtout lorsque nous ne faisons aucune application à l'état présent. Mais nous traiterons de cette affaire dans la Politique, suivant notre dessein.

§ 166. *À qui il faut accorder la liberté de philosopher*

*Si quelqu'un doit enseigner (*tradere*) la philosophie selon la méthode philosophique, il est besoin qu'il jouisse de la liberté de philosopher.* En effet, celui qui veut enseigner (*traditurus*) la philosophie selon la méthode philosophique doit tenir compte de la seule vérité dans le choix de ses pensées (*sententiis*) (§ 154), en s'en tenant à son jugement, non à un jugement étranger (§ 156), il ne peut admettre les enseignements (*tradita*) d'autres [gens] qu'en tant qu'il les démontre et les comprend à partir de ses principes (§ 157). C'est donc à lui qu'on doit permettre de présenter sa pensée (*sententiam*) publiquement, ou bien il ne faut pas du tout souffrir qu'il enseigne (*tradat*) la philosophie, ce qui répugne à l'hypothèse et est absurde à un autre titre. On appelle cette permission liberté de philosopher (§ 151). Il est donc patent qu'il faut accorder la liberté de philosopher à celui qui doit enseigner (*tradere*) la philosophie selon la méthode philosophique.

J'ai dit qu'il était absurde de ne pas souffrir que quelqu'un enseigne (*tradat*) la philosophie parce qu'il l'enseigne (*tradit*) selon la méthode philosophique. En effet, il s'en suivrait qu'il faudrait enseigner (*tradendam*) la philosophie selon une méthode contraire à la méthode philosophique. Il ne faudrait donc permettre à personne d'enseigner (*tradat*) la philosophie sinon à celui qui enseigne des [choses] telles qu'on ne peut suffisamment les comprendre, ni les reconnaître comme vraies avec évidence (§ 136), ni les appliquer convenablement aux cas de la vie humaine (§ 138), sans obtenir de connaissance certaine et distincte (§ 137). Il appert aisément que cela est absurde, puisque l'on apprend la philosophie à l'usage de la vie. Si quelqu'un le niait, pour moi, il enseignerait des [choses] confiées à la mémoire dans l'espoir d'un oubli futur. En France, c'est à l'Académie royale des sciences de Paris que l'on a accordé la liberté de philosopher, parce qu'elle était apte à rechercher la vérité selon une méthode précise et que tout son travail avait à faire à la soigneuse recherche de la vérité cachée. En revanche, on a imposé aux professeurs de philosophie de l'Université de Paris de ne pas envisager ou enseigner d'autre philosophie que la péripatéticienne, parce que, d'après le rapport de *Jean Du Hamel*, membre de la Sorbonne et professeur de philosophie à l'Université de Paris, dans la préface à la philosophie universelle[1], ces derniers enseignent la philosophie à l'usage de la Théologie scolastique.

§ 167. *Quand aucun danger ne naît de là*

Si on accorde la liberté de philosopher en son entier à ceux qui philosophent selon la méthode philosophique, nul danger n'est à craindre de là pour la religion, la vertu et l'État. En effet, celui qui philosophe selon la méthode philosophique ne contredit pas la vérité révélée (§ 163), ni

---

1. Cf. *Philosophia universalis sive commentarius in universam Aristotelis philosophiam complectens compendia et logica*, Paris, Thiboust et Esclassan, 1705, 5 vol., p. 10.

n'enseigne de [choses] contraires à la vertu et à l'État (§ 164, 165). D'ailleurs, si un désaccord apparaît entre une thèse philosophique et quelque interprétation de l'Écriture ou thèse théologique, il a dès lors l'opportunité de rechercher avec soin la vérité avec plus de précision et de l'asseoir avec plus d'évidence, afin que, si quelque interprétation ou thèse théologique est erronée, on la reconnaisse finalement spontanément, ainsi que cela ressort de ce qui a été dit au § 163. Bien plus, si la profession de quelque doctrine était nocive, soit pour l'État, soit pour l'Église, celui qui philosophe selon la méthode philosophique saurait taire la vérité conformément à l'époque ; ce qui se conclut de ce qui a été dit au § 165 et ce qui sera démontré en son lieu et en son temps, selon notre dessein. Assurément, s'il faut limiter la liberté de philosopher dans l'État, on ne peut fixer d'autres limites qu'afin de ne pas enseigner (*tradantur*) de [choses] contraires à la religion, à la vertu et à l'État. C'est ce qui sera démontré dans la Politique, selon notre dessein, puisque toute la démonstration découle de principes politiques. C'est pourquoi, puisque celui qui philosophe selon la méthode philosophique se fixe à lui-même des limites que d'autres transgressent, la liberté de philosopher qu'on lui a accordée ne crée rien de dangereux pour la religion, la vertu et l'État.

Et si tu objectais que l'expérience prouve le contraire, [à savoir que] *Benoît de Spinoza* a philosophé selon la méthode mathématique, qui est la même que la méthode philosophique (§ 139), et qu'il a pourtant enseigné, nonobstant [cela], des [choses] contraires à la religion et à la vertu, alors je répondrais que, certes, il peut en tout cas se produire que quelqu'un se fourvoie en appliquant la méthode philosophique et tombe ainsi dans des erreurs nocives, mais que d'autres peuvent alors démontrer avec évidence le fourvoiement pour corriger l'erreur et ne pas la recevoir en philosophie (§ 118). En ce qui concerne *Spinoza* en particulier, il a agencé ce qu'on appelle son Éthique selon la méthode reçue chez les Géomètres, en définitions, axiomes, propositions et démonstrations de ces dernières, mais il ne s'en ensuit pas encore qu'il ait philosophé selon la méthode philosophique, qu'il ait expliqué suffisamment tous les termes dans les définitions, ait utilisé dans les démonstrations des principes suffisamment prouvés et se soit tenu à la forme véritable des démonstrations, ainsi que l'aurait fait la méthode philosophique (§ 116, 118, 124). Et quand il sera permis de rechercher les fourvoiements par rapport à la vraie méthode, seront alors patentes les [choses] auxquelles sont dues les erreurs nocives. Ce n'est pas maintenant notre affaire de descendre dans cette arène ; nous observons pourtant en passant qu'il apporte des définitions de la substance et de la liberté en vertu desquelles Dieu seul peut être dit substance et étant libre. De fait, il définit la substance comme *ce qui est en soi et est conçu par soi, c'est-à-dire ce dont le concept ne nécessite pas le concept d'une autre chose, à partir duquel il doive être formé*, et il dit libre la chose *qui existe par la seule nécessité de sa nature et se détermine par soi* (a se) *seule à agir*[1]. Qui ne voit pas, en considérant ces définitions attentivement, que celle de l'étant par soi (*a se*) est plutôt la première ? Parce que, puisque Dieu seul l'est, elle ne peut en tout cas convenir qu'à lui-même. En outre, qui ne voit pas que conviennent à Dieu seul les [choses] admises dans la définition de l'étant libre ? Car exister par sa seule nécessité, c'est de nouveau la propriété de l'étant par soi (*a se*) qu'est Dieu seul, et se déterminer tout à fait indépendamment de toute autre chose, cela ne revient de nouveau qu'à Dieu. Mais celui qui philosophe selon la méthode philosophique ne s'éloigne pas de la signification reçue des vocables (§ 142), par conséquent, il ne faut pas définir de façon à être à même de prédiquer de Dieu seul ceux que l'on reçoit si couramment qu'on peut les prédiquer en même temps de Dieu et des hommes. Je tais, dans ces définitions, d'autres [choses] qui pourraient manquer.

1. Cf. *Éthique*, trad. fr. et présentation B. Pautrat, « Points/Essais », Paris, Seuil, 1999, première partie, définitions III et VII (partielle), p. 14-17.

Au vrai, nous [sup]posons qu'on ne peut éviter que l'un ou l'autre de ceux qui philosophent selon la méthode philosophique abuse un jour de la liberté de philosopher, pourtant, cette raison n'est pas suffisante pour persuader d'introduire, une fois levée la méthode philosophique qui ne peut se maintenir sans la liberté de philosopher (§ 166), la servitude si funeste au progrès des sciences (§ 152). Rien n'est heureux à tous égards! Si on ne tient pas à laisser de côté une utilité bien plus éclatante, il faut admettre un abus ou un autre, notamment puisque les remèdes civils, qu'il faut passer en revue dans la Politique, peuvent encore conduire à l'abus. Moins fréquent sera toutefois l'abus lorsqu'on aura vu plus à fond avec netteté la méthode philosophique pour philosopher elle-même, et que ceux qui se destinent à philosopher tendront, par des exercices répétés, [à acquérir] l'habileté à l'utiliser, une fois proscrits les rêves [selon lesquels] les habiletés de l'entendement [seraient] infuses ou à acquérir par un saut.

§ 168. *Il faut démontrer la contradiction entre la Philosophie et la Théologie, non la masquer*

Si une proposition philosophique est réputée contredire une proposition théologique ou une interprétation reçue de l'Écriture sainte, il faut démontrer la contradiction avec évidence. Le cas de la contradiction est double : en effet, *la contradiction* est soit *patente*, comme, par exemple, quand *Ptolémée* dit que *la Terre repose au centre du monde* et que *Copernic* affirme que *la Terre se meut au milieu des planètes autour du Soleil*[1], soit *cachée*, comme, par exemple, quand on dit en Géométrie que *le cercle en touchant un autre au-dedans peut avoir le même centre que celui-ci*, ce qui contredit une autre proposition par laquelle on affirme que *tous les rayons*

---

1. *Cf.* Claude Ptolémée, *Almageste* (*Composition mathématique*, trad. fr. M. Halma et notes M. Delambre, tome 1, livre I, chap. IV, Paris, Henri Grand, 1813, p. 13-15), et N. Copernic, *op. cit.*, livre I, chap. X, p. 114-116.

d'un même cercle sont égaux entre eux. Parfois même, la contradiction est cachée parce qu'on prend les mots dans une autre signification. Puisque la servitude philosophique ne peut être compatible avec la méthode philosophique (§ 153) mais plutôt que la liberté de philosopher est nécessairement reliée à elle (§ 166), et que tu ne peux rejeter la méthode philosophique si tu ne veux pas que le philosophe enseigne (*tradat*) des [choses] qu'on ne peut ni suffisamment comprendre, ni reconnaître comme vraies avec évidence (§ 136) et qu'on n'obtienne aucune connaissance certaine et distincte (§ 137) mais une connaissance qui répugne à l'usage de la vie (§ 138), celui qui philosophe ne peut pas masquer la contradiction mais il lui faut la démontrer avec évidence, afin que le philosophe, qui doit s'en tenir à son jugement et non à celui d'autres [gens] (§ 156), la reconnaisse. C'est pourquoi, puisqu'il peut se produire qu'il soit un consensus sur la chose, même si un désaccord apparaît sur les mots (§ 158), tu ne peux prôner la contradiction comme patente que lorsque tu as établi (*eviceris*) le désaccord comme réel, et ce à partir des définitions que met au jour celui qui philosophe selon la méthode philosophique (§ 116), en montrant que le philosophe et le théologien prennent les mots dans la même signification. Et si la contradiction est cachée, on doit inférer la thèse contraire à la théologique, dont on dit qu'elle la contredit, par une conséquence légitime à partir de la thèse de l'auteur, une fois qu'il a concédé en tant que prémisses les principes qu'il a admis. Il est dès lors patent que, sans violer la méthode philosophique, le philosophe ne peut masquer la contradiction avec la théologie ou l'Écriture sainte, mais il lui faut la démontrer avec évidence, soit qu'on la dise patente, soit qu'on la dise cachée.

Plus de [choses] seront patentes en leur temps, tantôt dans la Logique, où nous allons exposer la méthode de réfutation, tantôt dans la Politique, où nous allons traiter de la liberté de philosopher en relation avec l'État. Il suffit bien ici que soit en conflit avec la méthode philosophique la licence, concédée à autrui, d'imposer selon son bon vouloir des contradictions avec la vérité révélée. Et puisqu'il est manifeste que ce qui contredit quelque interprétation reçue de l'Écriture ou thèse théologique, surtout si [cela est] encore controversé parmi les Chrétiens mêmes, est en conflit avec l'Écriture sainte ou la vérité révélée, il n'est pas encore limpide, lorsqu'on a montré la contradiction, que la thèse philosophique soit fausse (§ 163). De fait, la rotondité de la Terre contredisait l'interprétation qu'avaient faite les Pères de l'Église de certains endroits de l'Écriture (§ 163, Rem.), cependant, elle n'était pas fausse pour autant; autrement, en effet, on n'aurait pas pu la démontrer avec une évidence telle que les Théologiens eux-mêmes aient reconnu la violence infligée aux paroles de l'Écriture, et, par la circumnavigation, on n'aurait pas pu la rendre manifeste au sens (Geogr., § 6 [1]). La curie Romaine a prêté attention à ce qui a été dit lorsque l'on disait que *Galilée* avait abusé de la liberté de philosopher au détriment de la religion. En effet, les Cardinaux inquisiteurs ne masquaient pas eux-mêmes la contradiction mais montraient comme patente la contradiction que *Galilée* lui-même n'aurait pas pu dénier. Sans aucun doute, personne n'ignore que les endroits de l'Écriture sur le mouvement du Soleil ont été, jusqu'à l'époque de *Copernic*, unanimement acceptés et, après, l'ont été par la plupart des [gens], même par *Tycho Brahé*, comme si le sens littéral favorisait le mouvement diurne du Soleil. L'interprétation reçue de l'Écriture jugeait (*statuebatur*) donc que la Terre repose au centre de l'univers. *Galilée* défendait avec *Copernic* [la thèse selon laquelle] la Terre se meut, et par le mouvement autour de son propre axe, et par le

---

1. *Elementa Geographiae et Hydrographiae*, inclus dans les *Elementa matheseos universae,* vol. IV, *GW* II, 32, p. 6. Voir aussi l'adaptation française, *op. cit.*, t. II, p. 116-117.

mouvement de translation autour du Soleil, et que, par conséquent, ce n'est pas la Terre, mais le Soleil, qui repose au centre de l'univers. La contradiction était donc patente entre l'assertion de *Galilée* et l'interprétation reçue de l'Écriture sainte. La curie Romaine a pourtant reconnu qu'il ne s'en suivait pas encore que l'hypothèse du mouvement de la terre fût fausse; de fait, le *P. Fabri* de la Société de Jésus, Pénitent à *St. Pierre* de Rome, a déclaré dans un rescrit que l'on lit dans les Transactions Anglaises du mois de juin de l'année 1665 que si les *Coperniciens* démontraient le mouvement de la Terre d'une façon ferme, elle ne leur [serait] pas contraire, quoique, à cause du scandale, on ne permettrait pas de le présenter comme une vérité[1]. Sans aucun doute, soit il faut se départir de l'interprétation reçue de l'Écriture en faveur de l'hypothèse du mouvement de la terre, soit il faut la retenir. Dans l'un et l'autre cas, selon le jugement de *Fabri*, on n'évitera pas le scandale. De fait, si on retient l'interprétation reçue de l'Écriture cependant qu'on permet de défendre comme vrai le mouvement de la Terre, il peut se produire que quelques-uns en concluent que l'Écriture sainte enseigne des [choses] qui ne sont pas conformes à la vérité; cela étant posé, il s'ensuit, de différentes façons, beaucoup de conclusions contraires à la religion, dans la mesure où celui qui les infère se réclame de ces hypothèses-ci ou d'autres. Et si l'on se départit de l'interprétation reçue de l'Écriture en faveur de l'hypothèse non encore démontrée, non seulement le danger est que l'on découvre peut-être après coup l'hypothèse comme fausse, mais encore il est peu convenable que, en cas de non-évidence, le Théologien le cède au philosophe; bien plus, dans l'un et l'autre cas, découlent de nouveau des conséquences correspondant peu à la religion, différentes selon la diversité d'autres hypothèses qui entrent comme prémisses dans les raisonnements par lesquels on infère la conclusion. Ce n'est ainsi pas

---

1. *Cf.* « A further Account, touching Signor Campani's Book and Performances about Optick-Glasses », *Philosophical Transactions*, n° 4, lundi 5 juin 1665, p. 74 *sq.* Pour cette note comme pour la suivante, nous reprenons les indications de l'édition de L. Kreimendahl et G. Gawlick, *op. cit.*, p. 249.

sans raison qu'il a semblé scandaleux au Pénitent mentionné de se départir de l'interprétation reçue de l'Écriture en faveur de l'hypothèse philosophique. Or, quoique la curie Romaine n'ait pas voulu, afin de ne pas créer de scandale, défendre comme vrai le mouvement de la Terre avant qu'on l'ait démontré, cependant, elle n'a pas pour autant prohibé de l'utiliser comme hypothèse en calculant les mouvements célestes et en rendant raison des phénomènes. De fait, *Riccioli* lui-même a utilisé le même mouvement comme hypothèse[1]. Bien plus, puisque *Cassini* le Jeune, un Astronome de l'Académie Royale des Sciences de Paris, a mené des observations sur la parallaxe des étoiles fixes dans les Commentaires de cette Académie de l'année 1717[2] pour démontrer cette hypothèse, il est patent, par le fait même, qu'on permet, dans l'Église Romaine, de rechercher la vérité de l'hypothèse contraire à l'interprétation reçue de l'Écriture. Cet exemple illustre les [choses] que nous avons démontrées et, en effet, n'y répugne pas. De fait, celui qui philosophe selon la méthode philosophique ne doit admettre comme vrai dans la philosophie que ce qu'il est en mesure d'inférer de principes suffisamment prouvés par une conséquence légitime (§ 118), il est tenu de distinguer avec précision les [choses] probables des [choses] certaines (§ 125) et de ne concéder d'autre place aux hypothèses qu'en tant qu'elles ouvrent la voie pour découvrir (*inveniendam*) la limpide vérité (§ 127), et, dans la démonstration de ses dogmes, loin s'en faut qu'il utilise des hypothèses comme principes (§ 128). Celui qui philosophe selon la méthode philosophique ne revendique pas d'autre liberté de philosopher que celle qui est compatible avec la méthode philosophique, par conséquent, il lui suffit, quant aux hypothèses, que l'on accorde qu'elles soient présentées publiquement pour une enquête ultérieure,

---

1. Cf. *Astronomiae reformatae tomi duo*, Bologna, Benatius, 1665, livre I, chap. 9, § 3, p. 30.

2. « De la grandeur des Etoiles fixes, & de leur distance à la Terre », *Histoire de l'Académie royale des Sciences*, année 1717, Paris, 1719, p. 256-267, notamment p. 261.

une fois alléguées les raisons qui établissent (*adstruitur*) leur probabilité. En outre, en ce qui a trait précisément au cas où l'hypothèse
philosophique répugne à l'interprétation reçue de quelque endroit
de l'Écriture sainte, nous, nous avons déjà montré ailleurs (*Astr.*,
§ 557 *sq.*) [1] qu'il n'est nullement besoin que le sens de l'Écriture sainte
soit suspendu au résultat philosophique. Mais lorsque nous allons
montrer l'usage de la Logique dans l'interprétation de l'Écriture
sainte, nous en parlerons réellement selon notre dessein (*Log.*,
§ 972) [2] ; nous tenons bien sûr pour peu judicieux d'ajouter en ce lieu
des [choses] plus spécifiques.

§ 169. *Le progrès de la science dépend de la liberté de philosopher*

*Sans liberté de philosopher, il n'est aucun progrès de la
science.* Si, en effet, la liberté de philosopher n'est nullement
en vigueur, il n'est permis à personne de présenter publiquement, sur les choses philosophiques, sa pensée (*sententiam*),
qui répugne à celle qui est reçue (§ 151), par conséquent, tout
un chacun est contraint de défendre comme vraie la pensée
(*sententiam*) communément reçue quoique le contraire lui
semble bon, partant, la servitude philosophique a lieu (§ 152),
en se tenant à laquelle on ne peut philosopher selon la méthode
philosophique (§ 153). Et si on enseigne (*traditur*) la philosophie sans la méthode philosophique, on enseigne (*traduntur*) des [choses] qu'on ne peut suffisamment comprendre
ni reconnaître comme vraies avec évidence (§ 136), et on

---

1. Il s'agit en fait des § 626-627 des *Elementae astronomiae*, inclus dans
les *Elementa matheseos universae,* vol. III, *GW* II, 31, p. 608-610. Voir aussi
l'adaptation française, *op. cit.*, t. II, p. 289, au sujet de l'impossibilité de fonder
l'hypothèse de Tycho Brahé sur des passages de la Bible.

2. *Philosophia rationalis sive Logica pars III*, première édition en 1728
(*GW* II, 1.3, p. 695-696).

n'obtient pas une connaissance certaine et distincte (§ 137) et
qui corresponde suffisamment aux cas [que présente] la vie
(§ 138). De là, qui se promettra donc à lui-même un progrès de
quelque importance en philosophie? On montre encore la
même [chose] d'une autre manière. En philosophie, les auteurs
n'avouent pas, comme en Mathématique, les [choses] qu'ils
ignorent mais se permettent de juger des [choses] ignorées,
croient savoir et veulent, pour d'autres, sembler savoir des
[choses] qu'ils sont très loin de connaître. Et si, une fois la
liberté de philosopher levée, il faut donc s'en tenir au jugement
d'autrui (§ 151), il peut certainement se produire qu'il faille
défendre des [choses] qui répugnent au vrai. Assurément,
d'une unique erreur admise s'en suivent plusieurs si nous
l'utilisons comme principe pour en inférer des conclusions.
C'est pourquoi, si quelqu'un reconnaît une erreur, il doit
suspendre sa marche, puisqu'il ne lui est pas permis de corriger
l'erreur et qu'on ne lui accorde pas d'avancer plus loin tant que
la vérité, [qui lui est] contraire, ne lui a pas été substituée.

Combien la servitude philosophique a freiné le progrès des
sciences, l'histoire de tous les siècles en témoigne. Et qui ignore
combien peu la philosophie a connu d'avancées lorsqu'il n'était
pas permis de s'éloigner, fût-ce d'un pouce, de la philosophie
Aristotélico-Scolastique? Les avancées qu'ont connues les disciplines philosophiques, elles les doivent aux hommes qui se sont
arrogé, une fois le joug secoué, la liberté de philosopher, alors que
d'autres, qui approuvaient davantage la servitude, se montraient
mécontents. Nous ne nions pas qu'un très grand nombre de préjudices
surgissent de la liberté de philosopher, [qui n'auraient] guère suivi de
la servitude; ce qu'on ramène à juste titre à un traitement superficiel
de la philosophie, par lequel ceux qui philosophent pour [gagner leur]
pain aspirent à plaire à la jeunesse oisive. Assurément, ces préjudices
ne suivent pas de la liberté de philosopher par elle-même mais en tant
qu'elle vient encore s'ajouter à une méthode pervertie. Et si, en effet,

tu utilises la méthode philosophique, il ne te faut nullement les craindre. Celui qui philosophe selon cette méthode n'admet ce qui a été dit par d'autres qu'en tant qu'il peut le démontrer et le comprendre à partir de ses principes (§ 157), et il ne défend comme vrai que ce qu'il tire de principes suffisamment prouvés (§ 118), distingue les [choses] probables des [choses] certaines (§ 125), voire applique ses efforts afin que ce qui a été dit par d'autres soit plus clairement compris et amène à un plus grand degré de certitude, et afin qu'on voie avec netteté sa liaison avec les autres vérités (§ 161). Elle est donc séparée du traitement superficiel par une distance égale à celle de la terre au ciel. Nous avons montré (§ 166) que la liberté de philosopher convient à la méthode philosophique, voire qu'on ne peut l'en séparer ; il n'[est] donc pas étonnant que, dans ce cas, elle ne soit pas l'ennemie de la science. Mais si ceux à qui il n'est pas donné d'utiliser la méthode philosophique s'arrogent la liberté de philosopher, alors le traitement superficiel a lieu et les opinions monstrueuses naissent en grand nombre. Là où on bannit la liberté de philosopher, il n'est pas rare que la culture des sciences se change en vice. D'où [il vient que], sous prétexte de revendiquer la vérité, des hommes peu sincères créent des ennuis aux auteurs qu'ils poursuivent de leur haine pour d'autres causes. N'a-t-on pas contraint *Socrate* à boire la ciguë car on l'accusait d'enseigner des [choses] pour ainsi dire impies et de séduire la jeunesse, parce qu'*Anytos* avait conçu de la haine envers lui pour une cause privée ? Cléon n'a-t-il pas accusé d'impiété *Anaxagore*, le précepteur de *Socrate*, parce qu'il avait enseigné que le Soleil participe du sens et de la raison, et ne l'a-t-on pas de ce fait jeté en prison et condamné à mort ? *Aristote* lui-même, accusé d'impiété par *Eurymédon*, un prêtre du temple, ou par *Démophile*, comme il semble à d'autres, ne s'est-il pas rendu d'Athènes à Chalcis parce qu'il ne voulait pas, ainsi qu'il le disait, laisser le soin aux Athéniens, qui avaient été hostiles à *Socrate*, de pécher deux fois contre un philosophe [1] ?

1. *Cf.* Diogène Laërce, *Vies et doctrines des philosophes illustres,*

§ 170. *De quelle façon les avancées des Sciences*
dépendent de la méthode philosophique

Quand les hommes commenceront à philosopher selon
la méthode philosophique, ils accroîtront par leurs forces
réunies les avancées des Sciences. Celui qui philosophe selon
la méthode philosophique connaît particulièrement les règles
logiques et il excelle dans l'habileté à les mettre en pratique
(§ 135), en conséquence, il sait s'il philosophe ou non selon la
méthode philosophique, ou, lorsqu'il arrive un jour qu'il se
fourvoie, il reconnaît aussitôt l'erreur et la corrige, de même
que celui qui connaît l'Arithmétique et qui dispose de l'habileté à calculer sait qu'il effectue correctement une opération
arithmétique tant qu'il y prête attention, ou qu'il corrige
l'erreur qu'il avait admise aussitôt qu'il s'en est avisé. C'est
pourquoi, puisque la méthode philosophique prescrit de ne pas
utiliser de termes qui n'aient été expliqués par une définition
précise (§ 116), de ne pas admettre de principes qui n'aient été
suffisamment prouvés (§ 117), ni, encore moins, de proposition qu'on n'ait tirée légitimement de principes suffisamment
prouvés (§ 118), d'utiliser une démonstration précise (§ 120,
123, 124), de n'assigner de place aux hypothèses qu'en tant
qu'elles ouvrent la voie à la découverte (*inveniendam*) de la
vérité (§ 127, 128), de distinguer également des [choses]
certaines les [choses] probables (§ 125) qu'il faut admettre
seulement pour l'usage de la vie, et enfin de discerner les mots
des choses avec précision (§ 158), celui qui fait attention sait si
les définitions qu'il utilise sont précises, les principes suffi-

« Pochothèque », Paris, Livre de Poche, intro., trad. fr. et notes M.-O. Goulet-
Cazet (dir.), 1999, livre II, 38-42, p. 242-246 (sur Socrate), livre II, 12,
p. 220-221 (sur Anaxagore) et livre V, 5-8, p. 560-562 (sur Aristote).

samment prouvés et les propositions, quelles qu'elles soient,
suffisamment démontrées, si les démonstrations sont parache-
vées dans tous leurs éléments (*numeris*), si l'on peut accorder
une place à certaines propositions parmi les [choses] probables, et si les hypothèses sont ainsi faites qu'elles ouvrent la
voie à la découverte (*inveniendam*) de la vérité, et lorsqu'il
arrive qu'il trébuche dans l'application des règles logiques, à
cause soit d'une faiblesse de la mémoire, soit d'un défaut de
l'attention (ce que nous allons présenter dans la Logique de
façon plus détaillée), étant averti, soit il reconnaît lui-même sa
faute pour se consacrer, en un autre temps, l'esprit plus serein,
à des méditations renouvelées, soit il corrige ce [en quoi]
il s'est trompé, soit il laisse de côté l'erreur lorsque la vérité
n'est pas encore en son pouvoir. Puisque tous ceux qui philosophent selon la méthode philosophique possèdent le même
[état d']esprit (*animus*), l'un reconnaît la vérité enseignée
(*traditam*) par l'autre et l'utilise pour dévoiler des [choses]
plus poussées ; un autre, soit note, soit corrige la faute admise,
et celui qui l'avait admise la reconnaît, et, si autrui ne l'a pas
déjà corrigée, lui-même aspire à la corriger. Par suite, les
forces étant réunies, on accroît les avancées des Sciences.

Il en sera peut-être quelques-uns qui se persuaderont de ce que les
[choses] que l'on prédique ici de la méthode philosophique répugnent
à l'expérience. En effet, quelle que soit l'évidence avec laquelle tu
démontres les erreurs commises par d'autres, les hommes possèdent
toutefois des raisons variées de les défendre avec acharnement. Qui,
en effet, est celui qui ignore que les querelles autour de la défense
acharnée des erreurs reconnues sont très courantes ? Mais il est vrai
que beaucoup de [choses] semblent et sont dites couramment [être],
qui ne sont pas. L'entendement ne se dresse pas tant contre l'évidence
sous l'empire de la volonté, ainsi qu'on le croit couramment. Ceux qui
n'ont jamais perçu de façon distincte aucune démonstration que ce

soit, qui ignorent la vraie Logique et qui sont d'autant plus dépourvus de l'habileté à l'appliquer, déterminent leur assentiment, non par l'évidence de la raison, mais par des raisons extrinsèques qui varient de multiples façons ; par suite, ils possèdent un assentiment dépendant de la volonté et indifférent en soi à l'une et l'autre partie de la contradiction. D'où [vient que] tu les verras défendre demain avec la même ferveur le contradictoire de ce qu'ils défendent aujourd'hui, et reprocher âprement à d'autres et juger digne des flammes mortelles ce qu'eux-mêmes ont enseigné à l'instant. Mais leurs exemples ne sont nullement contraires à notre énoncé. De fait, nous supposons que celui qui est averti de l'erreur connaît la méthode philosophique et peut la mettre en pratique, et que l'autre, qui démontre que l'erreur a été admise, n'excelle pas moins dans l'une et l'autre vertu pour ne pas reprocher par ignorance ce qu'il approuverait bel et bien s'il n'était pas dépourvu de cette vertu. Tu n'as pas non plus à craindre que celui qui connaît également la méthode philosophique défende avec acharnement l'erreur qu'il reconnaît, bien qu'il ne puisse résister à l'évidence de la démonstration et qu'il la reconnaisse. De fait, celui qui défend l'erreur en toute connaissance de cause pour ne pas paraître se tromper doit se tenir pour honteux de s'être trompé. Assurément, lorsqu'il connaît la méthode philosophique, il ne peut en aucune manière se persuader que d'autres qui y excellent ne reconnaissent pas l'erreur, [et ce], d'autant moins qu'ils remarquent qu'il la défend en toute connaissance de cause. C'est pourquoi, lorsqu'il se tient pour honteux de s'être trompé, il se tiendra pour beaucoup plus honteux de ne pas même avoir reconnu l'erreur, [bien qu'il en ait été] averti. Par suite, il ne peut pas se produire qu'il défende avec acharnement l'erreur, quoique reconnue, parce qu'il ne peut paraître s'être trompé. Ceux dont c'est l'usage (*mos*) n'ont aucun sens de l'évidence parce qu'ils croient aisément, en jugeant d'autres [gens] selon leur propre tempérament, qu'ils céderont à leurs arguments non évidents, le plus souvent extrinsèques. Celui qui est expérimenté en la méthode philosophique sait que les erreurs qu'il a admises sont dues soit à la faiblesse de la mémoire, soit au défaut de l'attention, son esprit (*animum*) étant distrait par d'autres soins. D'où [vient qu']il juge plus ignoble de défendre l'erreur reconnue à cause d'un défaut de la volonté (nous mentionnerons ailleurs, il est vrai, les raisons de cette ignominie) que de reconnaître et de corriger l'erreur commise. La méthode philosophique n'est pas encore assez répandue, [et encore] beaucoup moins mise en pratique, pour qu'on soit à même d'opposer des contre-exemples à notre assertion.

§ 171

Ce que nous avons enseigné jusqu'à maintenant sur la philosophie en général, nous l'avons avant tout disposé avant afin qu'on y comprenne la raison de notre entreprise. Nous aurions pu rappeler davantage de [choses]; mais celles-ci suffisent à notre propos. Nous enseignerons (*tradentur*) les autres [choses] en leur lieu lorsque, les principes étant jetés, nous pourrons les démontrer plus fermement. En attendant, à partir de ce qui a été dit, le lecteur jugera quelle attention il doit porter à la lecture de nos [écrits] si, toutefois, il veut les comprendre et voir leur évidence avec netteté.

Fin du discours préliminaire

GLOSSAIRE

Les termes reportés ici comptent soit parmi les plus fréquemment employés dans le *Discours préliminaire sur la philosophie en général*, soit parmi les plus significatifs. Lorsque les termes latins sont ici indiqués entre parenthèses, cela signifie qu'ils figurent ainsi dans le texte traduit.

agriculture	*agricultura*
âme	*anima*
anthropologie	*anthropologia*
architecture	*architectura*
arithmétique	*arithmetica*
art	*ars*
astronome	*astronomus*
astronomie	*astronomia*
botanique	*botanica*
botanologie	*botanologia*
catoptrique	*catoptrica*
certitude	*certitudo*
chose	*res*
condition	*conditio*

connaissance	*cognitio*
connaissance	(*notitia*)
conséquence	*consequentia*
contingent	*contingens*
contradiction	*contradictio*
corps	*corpus*
cosmologie	*cosmologia*
découverte, découvrir	(*inventum, invenio*)
découvrir	*reperio*
définir, définition	*definio, definitio*
démonstratif, démontrer	*demonstrativus, demonstro*
démonstration	*demonstratio*
dendrologie	*dendrologia*
détermination, déterminer	*determinatio, determino*
Dieu	*deus*
discipline	*disciplina*
distinguer	*distinguo*
doctrine	*doctrina*
dogmatique	*dogmaticus*
dogme	*dogma*
droit	*jus*
économie	*oeconomia*
économique	*oeconomica*
élément	*elementum*
éléments (dans tous ses)	*in suis/omnibus* (*numeris*)
enseignement, enseigner	(*traditum, trado*)
enseigner	*doceo*
espèce	*species*
esprit	(*animus*)
esprit	(*ingenium*)

esprit	*mens*
esprit	(*spiritus*)
établir	(*adstruo*)
établir	(*evinco*)
établir	*stabilio*
étant	*ens*
éthique	*ethica*
existence, exister	*exsistentia, exsisto*
expérience	*experientia*
expérience	(*experimentum*)
expérimental	*experimentalis*
faculté	*facultas*
faire l'expérience	*experior*
fait	*factum*
fondement	*fundamentum*
force	*vis*
général	*generalis*
genre	*genus*
géométrie	*geometria*
grammaire	*grammatica*
habileté	*habitus*
harmonie	*harmonia*
histoire	*historia*
historiographie	*historiographia*
historique	*historicus*
homme	*homo*
hydraulique	*hydraulica*
hydrographie	*hydrographia*
hydrologie	*hydrologia*

hypothèse	*hypothesis*
impossible	*impossibilis*
inférer	*infero*
interprétation, interpréter,	*interpretatio, interpretor*
inventer, invention	*invenio, inventio*
inventeur	*inventor*
jugement, juger	*judicium, judico*
juger	(*statuo*)
jurisprudence	*jurisprudentia*
liberté	*libertas*
logique	*logica*
mathématicien	*mathematicus*
mathématique (substantif)	*mathesis*
mathématique (adjectif)	*mathematicus*
médecine	*medicina*
métaphysique	*metaphysica*
météorologie	*meteorologia*
méthode	*methodus*
mœurs	*mores*
monde	*mundus*
mouvement	*motus*
nature	*natura*
nature	(*natura rerum*)
naturel	*naturalis*
nécessaire	*necessarius*
nom	*nomen*
notion	*notio*

observation, observer	*observatio, observo*
ontologie	*ontologia*
opération	*operatio*
optique	*optica*
ordre	*ordo*
oryctographie	*oryctographia*
oryctologie	*oryctologia*
parfait	*perfectus*
par soi	(*a se*)
par soi	*per se*
partie	*pars*
pathologie	*pathologia*
pensée, penser	*cogitatio, cogito*
pensée	(*mens*)
pensée, penser	(*sensum, sententia, sentio*)
perfection	*perfectio*
philosophe	*philosophus*
philosopher, philosophique	*philosophor, philosophicus*
philosophie	*philosophia*
physiologie	*physiologia*
physique	*physica*
phytologie	*phytologia*
plaisir	*voluptas*
pneumatique	*pneumatica*
poétique	*poetica*
politique	*politica*
possible	*possibilis*
pratique	*practicus*
prédicat, prédiquer	*praedicatum, praedico*
principe	*principium*

proposition	*propositio*
psychologie	*psychologia*
quelque [chose]	*aliquid*
raison	*ratio*
raisonnement, raisonner	*ratiocinum, ratiocinor*
rationnel	*rationalis*
rhétorique	*rhetorica*
rien	*nihil*
science	*scientia*
sens	*sensus*
sujet	*subjectum*
supposer	(*assumo*)
supposer	*suppono*
supposition	*sumptio*
syllogisme	*syllogismus*
système	*systema*
technique	*technica*
technologie	*technologia*
téléologie	*teleologia*
terme	*terminus*
théologie	*theologia*
théologien	*theologus*
tirer	*deduco*
transcendantal	*transcendentalis*
univers	*universum*
usage	(*mos*)
usage des mots (dans l')	*in loquendo/loquendi*

usage, utilité	*usus*
utilité	(*utilitas*)
vérité	*veritas*
vie	*vita*
vocable	*vox*
voir avec netteté	*perspicio*

LISTE DES AUTEURS CITÉS

Nous reprenons ici les noms mentionnés par Christian Wolff dans le *Discours préliminaire sur la philosophie en général*, en laissant de côté ceux qui se trouvent dans notre introduction.

ANAXAGORE (vers 500-428 av. J.-C)	§ 169. Rem
ANYTOS (Ve siècle av. J.-C.)	§ 169. Rem
APOLLONIUS DE PERGE (IIIe siècle av. J.-C.)	§ 142. Rem, § 161. Rem
ARISTOTE (383/384-322 av. J.-C.)	§ 169. Rem
BRAHÉ, Tycho (1546-1639)	§ 160. Rem, § 168. Rem
CAMPANELLA, Tommaso (1568-1639)	Préface, § 72. Rem, § 153. Rem
CASSINI, Jacques (1677-1756)	§ 168. Rem
CHARLES Ier, landgrave de Hesse-Kassel (1654-1730)	Dédicace
CLÉON (mort en 422 av. J.-C.)	§ 169. Rem
COPERNIC, Nicolas (1473-1543)	§ 160. Rem, § 164. Rem, § 168, § 168. Rem
DECHALES, Claude-François Milliet (1621-1678)	§ 142. Rem

TABLE DES MATIÈRES

INTRODUCTION

ANNEXES

CHRISTIAN WOLFF

DISCOURS PRÉLIMINAIRE SUR LA PHILOSOPHIE EN GÉNÉRAL

ACHEVÉ   D'IMPRIMER
EN JUIN 2 0 0 6
PAR   L'IMPRIMERIE
DE LA MANUTENTION
A MAYENNE
FRANCE
N° 156-06

Dépôt légal : 2ᵉ trimestre 2006